De nombreuses vies,
de nombreux maîtres

Dr Brian L. WEISS

De nombreuses vies, de nombreux maîtres

L'histoire véritable
d'un éminent psychiatre,
de sa jeune patiente
et de leur découverte
de l'au-delà

*Traduit de l'anglais (États-Unis)
par Jazenne Tanzac*

*Collection dirigée
par Ahmed Djouder*

Titre original :
MANY LIVES, MANY MASTERS

Éditeur original :
Simon & Schuster Inc.

PRÉFACE

Je sais que tout événement a une cause. Je crois qu'au moment précis où il survient nous ne sommes ni assez perspicaces, ni assez intuitifs pour la découvrir, mais à force de temps et de patience nous pouvons y parvenir.

C'est ce qui se passa avec Catherine. Je l'ai rencontrée pour la première fois en 1980, alors qu'elle avait vingt-sept ans. Elle était venue me consulter pour tenter de remédier à de graves angoisses, des crises de panique et des accès de claustrophobie. Elle souffrait de ces troubles depuis l'enfance mais ils avaient récemment empiré et la paralysaient un peu plus chaque jour, en aggravant sa vulnérabilité émotionnelle. Elle était terrifiée et, par conséquent, profondément déprimée.

Si sa vie semblait chaotique, la mienne, en revanche, se déroulait sans encombre : j'étais heureux en ménage, j'avais deux jeunes enfants et ma carrière marchait très bien.

Ma jeunesse avait également été sans histoire ; j'avais grandi dans une chaude atmosphère familiale, réussi mes études avec facilité et, dès ma seconde année universitaire, choisi d'être psychiatre.

J'avais obtenu mon diplôme à l'université de Columbia en 1966, à New York, avec les félicitations du jury, avant de m'inscrire à la faculté de médecine de Yale où j'avais passé mon doctorat en 1970. Après l'internat au *Bellevue Medical Center* de la faculté de médecine de New York, j'étais entré à Yale pour me spécialiser en psychiatrie. Après quoi j'avais accepté un poste à l'université de Pittsburgh. Deux ans plus tard, je dirigeais le département de pharmacologie à la faculté de Miami. Je me fis bientôt un nom dans le domaine de la psychiatrie biologique et de la toxicomanie, et après quatre années passées dans cette université, je fus nommé professeur associé de psychiatrie à l'hôpital universitaire de Miami. J'avais déjà publié environ trente-sept articles scientifiques et contribué à plusieurs ouvrages dans ma spécialité.

Des années d'études m'avaient entraîné à penser en scientifique et en médecin, c'est-à-dire à suivre les sentiers conservateurs de ma profession. Je me méfiais donc de tout ce qui ne pouvait pas être prouvé par les moyens scientifiques traditionnels. Je savais que des travaux sur la parapsychologie avaient été entrepris dans plusieurs grandes universités du pays mais ils ne m'intéressaient guère car je les jugeais tirés par les cheveux.

C'est alors que je rencontrai Catherine. Durant dix-huit mois, je fis tout mon possible pour la guérir de ses troubles à l'aide des méthodes thérapeutiques traditionnelles.

Comme tout semblait inefficace, j'essayai l'hypnose. Durant plusieurs séances, Catherine retrouva la mémoire de « ses incarnations passées » qui expliquaient ses troubles. Elle servit également d'interprète à des « entités spirituelles » hautement évoluées qui lui révélèrent bien des secrets de la vie et de la mort. En quelques mois, son état s'améliora et elle reprit une vie normale, en étant en outre beaucoup plus heureuse et équilibrée qu'auparavant.

Rien dans ma formation ne m'avait préparé à cette aventure. Cette succession d'événements me laissa abasourdi.

Je ne peux fournir d'explication scientifique à ce qui nous est arrivé. Nous ignorons encore trop de choses sur le fonctionnement de l'esprit. Il est possible que, sous hypnose, Catherine ait eu accès à ce réservoir de souvenirs immémoriaux que Jung appelle l'inconscient collectif, à moins qu'elle n'ait retrouvé, dans son propre subconscient, les traces de ses « vies antérieures ».

Les scientifiques commencent à s'intéresser de près à ces questions. La société a beaucoup à gagner avec cet intérêt pour les mystères de l'esprit et de l'âme, la survie possible et l'influence de nos incarnations passées sur notre conduite actuelle. Les conséquences en sont incalculables, surtout en médecine, en théologie, en psychiatrie et en philosophie.

Toutefois, la recherche scientifique dans ce domaine n'en est encore qu'à ses balbutiements. Un grand pas a été fait mais le processus est lent, et suscite une grande méfiance, aussi bien chez les scientifiques que chez les profanes.

L'histoire nous montre que les hommes ont toujours résisté à la nouveauté et au changement. Les exemples sont légion. Lorsque Galilée découvrit les lunes autour de Jupiter, les astronomes de l'époque refusèrent non seulement de le croire mais encore d'observer ces satellites, sous prétexte que l'existence de ces astres était contraire aux idées reçues. Il en va de même aujourd'hui pour les psychiatres et autres thérapeutes qui refusent d'analyser et d'évaluer les témoignages existants sur la survie de l'âme et les souvenirs des existences antérieures, et qui gardent les yeux obstinément fermés.

Ce livre représente ma modeste contribution aux recherches menées dans le domaine de la parapsychologie, en particulier dans la branche qui traite de nos expériences post-mortem. Chaque mot est rigoureusement exact. Je n'ai rien ajouté, me contentant de supprimer les passages qui me paraissaient répétitifs. J'ai aussi modifié l'identité de Catherine afin de protéger son anonymat.

Il m'a fallu quatre ans pour écrire ce livre et quatre autres années pour rassembler tout mon courage et prendre le risque de le publier.

Une nuit, tandis que j'étais sous la douche, je me suis senti brusquement obligé de confier ce témoignage au papier. J'ai compris que le temps était venu et que je n'avais pas le droit de dissimuler plus longtemps ces informations. Les leçons que j'avais apprises m'avaient été données pour que je puisse les transmettre aux autres, et non les garder pour moi. Catherine avait été la première messagère. J'étais le deuxième, persuadé qu'aucune conséquence entraînée par ces révélations ne pourrait être plus néfaste que mon silence sur l'immortalité et le sens de la vie.

Je me précipitai hors de la salle de bains, m'assis à mon bureau avec la pile de cassettes enregistrées au cours des séances avec Catherine. Au petit jour, l'image de mon grand-père, ce vieil Hongrois mort alors que j'étais adolescent, s'imposa à moi. Il suffisait que je lui avoue ma peur à l'idée de prendre des risques pour qu'il m'encourage avec tendresse, en répétant l'une de ses expressions favorites : « Au diable les doutes ! Au diable les doutes ! »

1

La première fois que je vis Catherine, elle portait une robe rouge vif et feuilletait nerveusement un magazine dans ma salle d'attente. Manifestement essoufflée, elle venait de passer vingt minutes à faire les cent pas dans le couloir du service de psychiatrie tout en essayant de se convaincre de respecter le rendez-vous que nous avions pris, et de ne pas s'enfuir en courant.

Je sortis de mon bureau pour l'accueillir et nous échangeâmes une poignée de main. Je notai que ses paumes étaient moites et froides, signe d'anxiété. En fait, elle avait mis deux mois à se résoudre à cette démarche et ce, malgré les encouragements vigoureux de deux médecins de l'hôpital en qui elle avait toute confiance. En fin de compte, elle était devant moi.

Catherine était une femme des plus attirantes. De taille moyenne, elle avait des cheveux blonds et des yeux noisette. À cette époque, elle était technicienne de laboratoire dans l'hôpital où j'exerçais comme chef du service de psychiatrie, et elle arrondissait ses fins de mois en posant pour des photos en maillot de bain.

Je la fis entrer dans mon cabinet et l'invitai à s'asseoir non sur le divan, mais dans un grand fauteuil de cuir. Nous étions face à face, séparés par mon bureau semi-circulaire. Silencieuse, elle s'appuya au dossier, ne sachant par où commencer. J'attendis plusieurs minutes pour lui laisser le choix du préambule, puis lui posai quelques questions sur son passé. Durant cette première entrevue, nous essayâmes de préciser qui elle était et la raison qui l'avait poussée à me consulter.

En réponse à mes questions, Catherine me raconta sa vie. Elle était la seconde de trois enfants d'une famille catholique conservatrice, installée dans une petite ville du Massachusetts. Son frère aîné, de trois ans plus âgé, était très sportif et jouissait d'une liberté qui lui avait été interdite. Sa jeune sœur était la préférée des parents.

Quand nous commençâmes à parler des symptômes dont elle souffrait, elle devint visiblement tendue et craintive. Elle parlait vite, le buste penché en avant et les coudes sur le bureau. Toutes sortes de craintes avaient toujours paralysé sa vie. Elle avait peur de l'eau, peur de s'étouffer en prenant des pilules, peur

14

des avions, peur du noir, et enfin la mort l'épouvantait. Les choses avaient empiré tout récemment. Elle cherchait le sommeil pendant deux ou trois heures avant de s'endormir. Les cauchemars et les accès de somnambulisme de son enfance revenaient. Elle se réveillait fréquemment durant la nuit et ne pouvait dormir que dans un réduit. Toutes ses peurs et les symptômes qui les accompagnaient allant en s'aggravant, elle avait sombré peu à peu dans la dépression.

Pendant que Catherine me parlait, je devinais la profondeur de ses souffrances. Depuis des années, j'aidais des malades à surmonter leurs angoisses et j'étais sûr de pouvoir l'aider, elle aussi. Je décidai de rechercher d'abord la cause originelle de ses problèmes, et donc de fouiller dans son enfance. Ce type de connaissances aide en général à dissiper l'angoisse. Si c'était nécessaire, je pourrais lui prescrire un léger traitement pour l'aider à se détendre, à condition bien sûr qu'elle puisse absorber des comprimés. C'était une démarche des plus classiques.

À l'époque, je n'hésitais pas à utiliser des tranquillisants ou des antidépresseurs pour lutter contre l'inquiétude excessive, l'angoisse chronique ou les phobies. J'en fais aujourd'hui un usage beaucoup plus modéré, et en tout cas temporaire, car aucun médicament ne saurait selon moi s'attaquer aux véritables racines du mal : telle est la conviction que j'ai acquise grâce à Catherine et à quelques autres. Je sais maintenant que la guérison est possible et qu'il est inutile de supprimer ou de dissimuler les symptômes.

Au cours de cette première visite, je m'efforçai de ramener en douceur ma patiente vers son enfance. Comme elle ne se rappelait quasiment rien de ses primes années, j'envisageai l'usage de la thérapie sous hypnose pour surmonter ses blocages. Elle n'avait en effet aucun souvenir d'épisodes traumatisants de son enfance susceptibles d'expliquer cette avalanche de peurs dans sa vie d'adulte.

Au prix d'efforts laborieux elle parvint enfin à se remémorer des bribes de souvenirs. À cinq ans, elle avait connu une véritable panique lorsque quelqu'un l'avait poussée dans une piscine. Elle précisa que, même avant cet incident, elle ressentait une certaine peur de l'eau. Alors qu'elle était âgée de onze ans, sa mère avait subi une grave dépression nerveuse qui avait nécessité un traitement psychiatrique et une série d'électrochocs. Par la suite, sa mère avait souffert de troubles de la mémoire. Cet épisode avait profondément marqué Catherine mais au fur et à mesure que l'état de sa mère s'était amélioré, qu'elle était « redevenue elle-même », les craintes de la jeune fille s'étaient dissipées.

Son père avait été longtemps alcoolique et le frère de Catherine allait souvent le chercher au café du coin. Cette faiblesse provoquait de fréquents conflits dans le ménage, et la mère de Catherine devenait alors maussade et lointaine. Catherine acceptait ce schéma familial comme une fatalité allant de soi.

Les choses étaient plus favorables hors de la famille. Catherine fréquenta des garçons au lycée et se fit facilement des amies qu'elle garda pendant de longues années. Pourtant, elle avait du mal à faire confiance aux gens, surtout à ceux qui étaient étrangers à son petit cercle.

Elle avait envers la religion une attitude simple et confiante. Ayant reçu une éducation catholique traditionnelle, elle n'avait jamais mis en doute la réalité et le bien-fondé de sa foi. Elle croyait qu'une bonne catholique, vivant dans l'observance des rites et des principes de la Sainte Église, serait récompensée par le paradis. Et si elle les négligeait, elle irait au purgatoire ou en enfer. La décision appartenait à un Dieu patriarche et à son fils. J'appris plus tard que Catherine ne croyait pas en la réincarnation. En fait, elle ne savait pas grand-chose sur cette théorie, malgré quelques lectures sur l'hindouisme. L'idée de réincarnation était aux antipodes de son éducation et de ses principes. Elle n'avait jamais lu d'ouvrages de métaphysique ou d'occultisme et ne portait aucun intérêt à ces disciplines. Elle était assurée dans ses croyances.

Après le lycée, Catherine fit deux ans d'études et devint technicienne de laboratoire. Nantie d'un métier et encouragée par le départ de son frère pour Tampa, elle accepta de travailler à Miami, dans un grand hôpital universitaire. Elle s'installa dans cette ville au printemps 1974, à l'âge de vingt et un ans.

Son existence à Miami fut plus difficile que dans sa petite ville natale mais elle était heureuse d'avoir quitté le milieu familial et ses problèmes.

Durant la première année, elle rencontra Stuart, un juif marié, père de deux enfants, totalement différent des hommes qu'elle avait connus auparavant. Doué d'une forte personnalité et d'un tempérament agressif, il réussissait fort bien dans sa profession de médecin. Il y eut entre eux une forte attirance physique mais leur liaison fut houleuse. Quelque chose en lui éveillait et excitait la passion de Catherine, comme si elle cédait à un envoûtement. Au moment où elle entama une thérapie, leur liaison durait depuis six ans et leurs sentiments étaient encore très vifs, bien que tumultueux. Catherine subissait l'emprise de Stuart tout en acceptant difficilement ses mensonges, ses promesses non tenues et ses intrigues.

Quelques mois avant notre entretien, Catherine s'était fait opérer d'un nodule sans gravité aux cordes vocales. L'appréhension qu'elle avait ressentie avant l'opération s'était transformée en une véritable terreur à son réveil. Il avait fallu des heures aux infirmières pour la calmer. Après sa guérison, elle demeura en contact avec le Dr Edward Poole, un sympathique pédiatre dont elle avait fait la connaissance grâce à son métier à l'hôpital. Une amitié n'avait pas tardé à naître entre eux. Catherine lui parlait librement de ses peurs, de sa liaison avec Stuart et de son impression de perdre tout contrôle sur sa propre vie. Il avait insisté pour qu'elle me rencontre, moi en particulier, et non pas un de mes collègues. Lorsqu'il m'appela pour me parler d'elle, il m'expliqua que j'étais à son avis le seul à pouvoir la comprendre, même si les autres psychiatres étaient parfaitement qualifiés et jouissaient, en tant que thérapeutes, d'une excellente réputation. Pourtant, Catherine ne me téléphona pas.

Huit semaines s'écoulèrent, et j'oubliai ma conversation avec Ed dans les remous de ma vie professionnelle – j'étais à la tête du service de psychiatrie. C'est alors que les phobies et les accès de peur de Catherine s'aggravèrent. Elle connaissait depuis plusieurs années le chirurgien en chef, le Dr Franck Acker, avec qui il lui arrivait de plaisanter lorsqu'il se rendait au laboratoire. Il avait remarqué son air soucieux et deviné l'état de tension dans lequel elle se trouvait ; il avait même failli lui parler à plusieurs reprises mais s'était ravisé. Un après-midi, tandis qu'il se rendait dans un autre hôpital pour donner une conférence, il vit Catherine retourner chez elle en voiture. Lorsqu'ils se croisèrent, il baissa sa vitre et lui cria : « Je veux que vous alliez voir le Dr Weiss tout de suite. Sans attendre. » Les chirurgiens sont souvent impulsifs mais Franck fut lui-même surpris de sa réaction.

Les crises de panique et d'angoisse de Catherine devenaient de plus en plus fortes et rapprochées. Elle faisait deux cauchemars par nuit, toujours les mêmes. Dans l'un, un pont s'effondrait pendant qu'elle le traversait en voiture ; elle était précipitée dans l'eau et se noyait, enfermée dans son véhicule. Dans l'autre, elle était prisonnière dans une pièce noire où elle se cognait aux meubles, sans pouvoir trouver la porte.

Elle finit par venir me voir.

Lorsqu'elle me rendit visite pour la première fois, je ne me doutais pas qu'elle allait totalement bouleverser ma vie. J'ignorais que cette femme apeurée et désorientée, assise de l'autre côté de mon bureau, serait un élément catalyseur et que je ne serais plus jamais le même après notre rencontre.

2

Dix-huit mois de psychothérapie intensive s'écoulèrent, à raison d'une ou deux séances par semaine. Catherine était une bonne patiente, douée d'une certaine intuition. Elle s'exprimait clairement et désirait ardemment guérir.

Durant cette période, nous analysâmes ses sentiments, ses pensées et ses rêves. Elle comprit peu à peu pourquoi elle réagissait toujours de la même façon dans certaines circonstances et des détails significatifs de son passé lui revinrent en mémoire, tels que les absences et les colères d'ivrogne de son marin de père. Elle comprit aussi pourquoi sa liaison avec Stuart était si tumultueuse et apprit à s'imposer et à protester lorsqu'il le fallait. À ce stade, son état aurait dû s'améliorer. La plupart de mes patients vont mieux lorsqu'ils sont capables de se rappeler l'influence désastreuse de certains épisodes de leur jeunesse et qu'ils apprennent à repérer et à corriger des schémas de conduite inadéquats, quand ils considèrent leurs problèmes avec détachement et une certaine hauteur de vues. Ce n'était pas le cas de Catherine chez qui je n'enregistrais pas le moindre progrès.

L'angoisse et de véritables crises de panique la torturaient toujours. Elle était la proie des mêmes cauchemars et sa peur de l'eau et de l'obscurité, sa claustrophobie étaient toujours aussi intenses. Son sommeil était lourd et irrégulier. Elle souffrait de palpitations et continuait de refuser tout médicament de peur de s'étouffer en avalant un comprimé. Je compris alors que nous étions dans une impasse et que nous n'en sortirions pas malgré tous nos efforts. Je me sentais frustré mais résolu. D'une façon ou d'une autre, il fallait que je parvienne à aider Catherine.

C'est alors qu'un événement bizarre se produisit. Malgré sa peur maladive de l'avion – elle dut boire de l'alcool pour se maîtriser – Catherine accompagna Stuart à un séminaire de médecine à Chicago, au printemps 1982. Là, elle insista pour visiter les salles égyptiennes du musée des beaux-arts, sous la conduite d'un guide.

Catherine avait toujours porté de l'intérêt à l'artisanat égyptien et aux reproductions d'œuvres antiques. Elle était loin d'être une spécialiste et n'avait jamais étudié l'Égypte pharaonique mais, inexplicablement, les objets exposés au musée lui semblèrent familiers.

Lorsque le guide se mit à les décrire, elle s'entendit rectifier ses dires... à juste titre. Le guide en fut surpris et Catherine stupéfaite. Comment pouvait-elle connaître ces détails ? Comment expliquer cette certitude intérieure qui l'avait poussée à corriger les explications du guide en public ? Provenait-elle de souvenirs d'enfance oubliés ?

À son retour, elle me raconta aussitôt ce qui lui était arrivé. Quelques mois auparavant, je lui avais suggéré d'essayer l'hypnose mais elle en avait eu peur et avait refusé. Après l'expérience dans les salles égyptiennes du musée de Chicago, elle accepta à contrecœur de s'y plier.

L'hypnose peut aider un malade à se souvenir d'incidents oubliés depuis longtemps. Il n'y a rien de mystérieux dans cette technique, qui n'est autre qu'un état de concentration intense. Selon les instructions d'un hypnotiseur expérimenté, le patient se détend physiquement et sa mémoire s'aiguise. J'avais déjà hypnotisé des centaines de malades et j'étais parvenu par ce biais à diminuer leurs angoisses, supprimer leurs phobies, modifier leurs mauvaises habitudes et balayer leurs blocages. Parfois, il m'était même arrivé de faire régresser des malades à leur petite enfance et d'obtenir ainsi le récit de souvenirs traumatisants, depuis longtemps enfouis, et qui avaient bouleversé leur vie à l'âge de deux ou trois ans. J'étais convaincu que l'hypnose aiderait Catherine.

Je lui demandai donc de s'étendre sur le divan, les yeux à demi clos, et la tête reposant sur un petit oreiller. Nous nous concentrâmes d'abord sur sa respiration. À chaque expiration elle libérait un peu de son inquiétude et de ses tensions. Au bout de quelques minutes, je lui demandai de visualiser progressivement la détente de ses muscles. D'abord ceux de son visage et de sa mâchoire, puis ceux de son cou et de ses épaules, de ses bras, de son dos, de son ventre et enfin de ses jambes. Elle devait sentir son corps s'enfoncer de plus en plus profondément dans l'épaisseur du sofa.

Je lui ordonnai ensuite de visualiser une lumière blanche à l'intérieur de sa tête, tout en haut du crâne. Cette lumière envahissait ensuite lentement son corps en apportant la détente à chacun de ses muscles, de ses nerfs et de ses organes, et l'amenait à un état de plus en plus profond de détente et de paix. Calme, détendue, elle s'endormait peu à peu et la lumière qui habitait son corps l'entourait maintenant d'un halo.

J'effectuai lentement un compte à rebours de dix à un. À chaque palier, l'état de relaxation s'accentuait. Elle pouvait se concentrer sur ma voix et ne rien entendre des bruits parasites.

Lorsque j'arrivai à « un », elle était déjà sous hypnose. Le processus avait pris environ vingt minutes.

Au bout d'un moment, j'amorçai la régression vers sa petite enfance en lui demandant de remonter dans ses souvenirs. En état de profonde hypnose elle put répondre à mes questions. Elle se rappela une expérience traumatisante chez le dentiste quand elle avait six ans. Puis, un an plus tôt, elle revécut une scène terrifiante : on la poussait du plongeoir et elle tombait dans la piscine. Elle avait bu la tasse et s'était à demi étouffée. En racontant cet épisode, elle se débattait pour retrouver son souffle. Je lui dis que c'était fini, qu'elle était hors de l'eau, et elle reprit sa respiration normale.

À l'âge de trois ans, un autre événement grave était survenu. Elle s'était réveillée dans une chambre obscure où se trouvait son père. Il empestait l'alcool et elle pouvait encore sentir son odeur. Il s'était livré à des attouchements sur elle, « là, en bas ». Épouvantée, elle s'était mise à pleurer et il l'avait bâillonnée de sa main calleuse. Elle ne pouvait plus respirer. Vingt-cinq ans plus tard, dans mon bureau, Catherine se mit à sangloter. J'étais sûr que nous avions enfin le traumatisme recherché, la clé du drame. Je croyais encore que les symptômes dont elle souffrait allaient s'atténuer puis disparaître. Je lui précisai avec douceur que l'expérience était terminée, qu'elle n'était plus dans sa chambre d'enfant mais qu'elle reposait calmement. Ses larmes s'arrêtèrent et je la ramenai à son âge actuel. Je la réveillai après lui avoir ordonné, par suggestion post-hypnotique, de se rappeler tout ce qu'elle m'avait dit. Nous passâmes le reste de la séance à parler du traumatisme subi, dont elle se souvenait maintenant avec netteté. Elle comprit alors le type de relation qu'elle entretenait avec son père, les réactions qu'elle provoquait chez lui, sa réserve à lui vis-à-vis d'elle, et la peur qu'il lui inspirait. Elle tremblait encore en quittant mon bureau mais elle savait que la connaissance qu'elle venait d'acquérir valait bien un trouble momentané.

La dramatique découverte de ses douloureux souvenirs d'enfance, profondément enfouis dans sa mémoire, m'avait fait perdre de vue la référence égyptienne. Du moins Catherine connaissait-elle mieux son propre passé. Elle s'était remémoré plusieurs événements qui l'avaient terrifiée enfant, et j'espérais une amélioration notable de son état.

Malgré cette nouvelle étape dans la compréhension des symptômes, la semaine qui suivit ne vit pas l'atténuation de ses troubles. J'en fus très étonné. Quelque chose n'allait pas, mais quoi ? Je n'en savais rien. Avait-elle subi un autre traumatisme avant l'âge de trois ans ? Nous avions largement expliqué sa peur de l'eau, de l'étouffement, de l'obscurité, sa claustrophobie, et pourtant son angoisse incontrôlable, ses peurs dévastatrices et ses autres troubles ne lui laissaient pas un instant de répit. Ses cauchemars étaient tout aussi effrayants qu'auparavant. Je décidai de pousser plus loin la régression.

Sous hypnose, Catherine s'exprimait d'une voix lente et basse qui me permettait de noter tout ce qu'elle disait. (Les pointillés dans le décryptage représentent des pauses et ne sont pas imputables à une négligence de ma part. J'ai également supprimé beaucoup de répétitions.)

Petit à petit, je ramenai donc Catherine à l'âge de deux ans, mais aucun souvenir significatif ne lui revint. Lorsque je lui ordonnai, avec clarté et fermeté, de « retourner à l'époque où ses troubles avaient débuté », j'étais bien loin de me douter de ce qui allait suivre.

— Un escalier blanc monte à un vaste bâtiment blanc. Il n'a pas de porte mais des piliers... Je porte une longue robe... une tunique faite d'étoffe grossière. Mes longs cheveux blonds sont nattés.

Troublé, je me demandai ce qui se passait en elle. Je lui demandai à quelle époque elle vivait et quel était son nom.

— Aronda..., me dit-elle. J'ai dix-huit ans. En face du bâtiment, il y a la place du marché. Les gens portent des paniers sur leurs épaules. Nous vivons dans une vallée... Il n'y a pas d'eau. Nous sommes en 1863 avant J.-C. Le pays est un désert de sable brûlant. Il y a un puits mais pas de fleuve. L'eau coule des montagnes dans la vallée.

Elle précisa d'autres détails topographiques et je lui demandai de poursuivre son voyage dans le temps en sautant quelques années. Que voyait-elle alors ?

— Des arbres le long d'une route pavée. De la nourriture cuit sur un feu de bois. Mes cheveux sont blonds. Je porte une longue robe brune d'étoffe grossière et des sandales. J'ai vingt-cinq ans et une petite fille qui s'appelle Cleastra... C'est Rachel. (Rachel est la nièce de Catherine avec qui elle est très liée.) Il fait très chaud.

J'étais abasourdi. Mon estomac se noua et la température de la pièce fraîchit brusquement. Les visions paraissaient d'une extraordinaire netteté. Catherine ne montrait aucune hésitation. Les noms, les vêtements, les arbres lui apparaissaient clairement. Que se passait-il ? Comment sa nièce pouvait-elle avoir été son enfant ? J'étais de plus en plus intrigué. J'avais étudié les réactions de milliers de patients, dont beaucoup sous hypnose, mais jamais je n'avais rencontré de cas semblable. Nul n'avait jamais eu ce genre de vision, même en rêve. Je lui demandai de continuer, jusqu'à sa mort. Je ne savais trop comment m'y prendre pour la questionner sur une vision aussi extraordinaire (à moins qu'il ne s'agît de souvenirs ?), mais je recherchais toujours quels événements traumatisants se cachaient sous ses crises d'angoisse. Elle avait pu mourir d'une façon particulièrement dramatique. Apparemment, une inondation ou un raz de marée avait anéanti son village.

— D'énormes vagues s'écrasent contre les arbres. Nous ne savons où fuir. Il fait froid. L'eau est froide. Je veux sauver mon enfant mais je ne peux pas... Je la serre contre moi. Je me noie : l'eau m'étouffe. Je ne peux plus respirer. Je ne peux plus avaler. L'eau est salée... L'enfant m'est arrachée...

Tout en parlant, Catherine cherchait son souffle, haletait. Tout à coup, son corps se détendit totalement et sa respiration redevint régulière et profonde.

— Je vois des nuages... Mon enfant est avec moi. D'autres gens de mon village sont là et mon frère est parmi eux.

Cette vie-là était terminée. Catherine se reposait. Elle était toujours sous hypnose. J'étais stupéfait. S'agissait-il de vies antérieures ? De réincarnations ? Mon sens de l'observation clinique me disait qu'elle n'imaginait pas ces récits, qu'ils n'étaient pas dus à des fantasmes. Si elle avait été consciente, elle aurait pensé, se serait exprimée, aurait souligné certains détails de façon tout à fait différente. Je repassai, en un éclair, toute la gamme des possibilités de diagnostics, mais son état psychique et les structures de sa personnalité ne pouvaient en aucun cas justifier ces révélations. Étais-je en présence d'un cas de schizophrénie ? Non. Catherine n'avait jamais montré aucun trouble d'appréhension de la réalité. Elle n'avait jamais eu d'hallucinations visuelles ou auditives. Elle n'avait jamais traversé de crises psychotiques. Elle vivait dans le réel et non dans un monde imaginaire. Sa personnalité n'était pas divisée ou multiple. Il n'y avait qu'une seule Catherine, bien consciente. Elle n'avait pas de tendances sociopathiques ou asociales, n'était pas une simulatrice, ne se droguait pas, ne prenait aucune substance hallucinogène et consommait très peu d'alcool. Elle n'avait ni maladie neurologique ni maladie psychologique susceptibles d'expliquer les expériences qu'elle venait de restituer sous hypnose.

Il s'agissait de souvenirs. D'où provenaient-ils ? D'instinct, je sentis que j'avais effleuré quelque chose qui m'était en tout étranger. Que savais-je de la réincarnation et des vies antérieures ? C'était incroyable ! Mon esprit entraîné à l'observation scientifique résistait de toute son incrédulité. Et pourtant, je ne pouvais nier le phénomène qui s'était produit sous mes yeux. Je ne pouvais pas l'expliquer non plus.

— Continuez, dis-je, un peu déconcerté, mais fasciné par l'expérience. Vous souvenez-vous d'autre chose ?

Des fragments d'autres vies passées lui revinrent en mémoire.

— Je porte une robe de dentelle noire et je suis coiffée d'une mantille. Mes cheveux noirs grisonnent. Nous sommes en 1756, en Espagne. Je m'appelle Louisa et j'ai cinquante-six ans. Je danse avec d'autres. (Il y eut une longue pause.) Je suis malade. J'ai la fièvre, des sueurs froides… Beaucoup de gens sont malades. Ils meurent… Les médecins ne savent pas pourquoi. La maladie vient de l'eau.

— Poursuivez.

— Je guéris mais ma tête me fait toujours mal. J'ai la fièvre. Ma tête et mes yeux sont douloureux. C'est à cause de l'eau…. Beaucoup sont morts.

Par la suite, elle m'apprit qu'elle avait été prostituée dans cette incarnation mais la honte l'avait empêchée de me le dire sur-le-champ. Apparemment, même sous hypnose, Catherine pouvait censurer les souvenirs qu'elle égrenait pour moi.

Puisque Catherine avait reconnu sa nièce dans une vie antérieure, je ne pus résister à la tentation de lui demander si j'avais déjà fait partie de son entourage. J'étais curieux de connaître le rôle que je jouais dans ses souvenirs.

Sa réponse – immédiate – contrasta avec la lenteur de son récit.

— Vous êtes mon professeur. Assis sur un rocher, vous commentez un livre. Vous êtes vieux et vous avez des cheveux gris. Vous portez une tunique blanche – une toge – à bande dorée... Votre nom est Diogène. Vous nous expliquez le symbolisme des triangles. Vous êtes un sage mais je ne comprends pas ce que vous expliquez. Nous sommes en 1568 avant J.-C. (à peu près mille deux cents ans avant l'existence du célèbre philosophe grec cynique Diogène. Le nom était assez répandu alors.)

La séance prit fin. De plus surprenantes devaient lui succéder.

Après le départ de Catherine et pendant les jours suivants, je réfléchis longuement sur les détails de cette régression sous hypnose. J'avais de quoi méditer. Durant une heure de thérapie « normale » très peu d'éléments échappaient d'ordinaire à mon analyse minutieuse, mais cette séance pouvait difficilement être qualifiée de « normale ». De plus, je gardais un certain scepticisme vis-à-vis de la réincarnation, de la vie éternelle, des expériences de voyage astral et autres phénomènes analogues. Le logicien en moi s'obstinait à penser que tout ceci n'était qu'imagination. Aucune de ces descriptions, aucune de ces affirmations ne pouvaient être prouvées. Pourtant, je sentais qu'une pensée nouvelle commençait à se faire jour en moi, plus audacieuse, moins émotive. Garde l'esprit ouvert, me chuchotait-elle. Toute science véritable commence par l'observation. Il est possible que les « souvenirs » de Catherine ne soient ni rêvés ni imaginés, qu'ils relèvent du domaine de l'invisible et de ce qu'on nomme l'irrationnel. Garde l'esprit ouvert et continue l'investigation.

Une autre pensée me harcelait : Catherine, qui était déjà si angoissée et si tourmentée, n'aurait-elle pas peur de poursuivre les expériences d'hypnose ? Je résolus de ne pas l'appeler, de la laisser digérer l'expérience, et d'attendre la semaine suivante.

3

Une semaine plus tard, Catherine entra en coup de vent dans mon bureau pour une nouvelle séance d'hypnose. Radieuse, elle m'annonça joyeusement que sa peur de la noyade avait disparu, qu'elle ne craignait plus autant de s'étouffer et que ses cauchemars – le pont qui s'effondrait sous elle – se faisaient de plus en plus rares. Elle se rappelait clairement l'évocation de ses vies antérieures mais n'en avait pas encore pleinement assimilé les détails.

Les vies antérieures et la réincarnation étaient des concepts étrangers à son univers. Pourtant, ses souvenirs étaient si nets, les odeurs et les sons si intenses, les descriptions si puissantes et si limpides qu'elle était convaincue d'avoir vécu les épisodes qu'elle racontait. Du reste, elle en avait la certitude absolue. Néanmoins, elle se demandait comment intégrer ces informations à son système de pensée et à sa foi.

Au cours de cette semaine écoulée, j'avais relu des notes prises sur un cours de religions comparées datant de ma première année universitaire à Columbia. On trouvait effectivement des allusions à la réincarnation dans l'Ancien et le Nouveau Testament. En 325 après J.-C., l'empereur romain Constantin le Grand avait, avec sa mère Hélène, effacé toutes les allusions à la réincarnation contenues dans le Nouveau Testament. Le deuxième concile de Constantinople avait, en 553 après J.-C., entériné cette action et déclaré hérétique toute croyance en la réincarnation. Apparemment, les Pères de l'Église craignaient que ce concept n'affaiblisse leur puissance en donnant aux hommes beaucoup trop de temps pour gagner leur salut. Il n'en restait pas moins que le Livre avait bel et bien fait allusion à la réincarnation et que les premiers Pères de l'Église, eux, en avaient accepté l'idée. Les premiers gnostiques (Clément d'Alexandrie, Origène, saint Jérôme et beaucoup d'autres) croyaient qu'ils avaient déjà vécu sur terre et qu'ils y reviendraient.

Quant à moi, je n'y avais jamais cru. En fait, je n'avais jamais vraiment réfléchi à la question. Certes, ma première éducation religieuse m'avait inculqué la vague notion d'une « âme » qui survivait après la mort, mais je n'en avais jamais été tout à fait convaincu.

Je suis l'aîné de quatre enfants nés chacun à trois ans d'intervalle. Lorsque nous étions petits, nous allions prier en famille dans une petite synagogue conservatrice de Red Bank, petite ville de la côte du New Jersey. J'étais à la fois le conciliateur et le politique de la famille. Mon père était le plus croyant de nous tous. Il prenait la religion très au sérieux, comme tout le reste d'ailleurs. Les succès scolaires de ses enfants furent ses plus grandes joies. Perturbé par la moindre dispute familiale, il s'isolait alors et me laissait le soin de tout arranger. Bien que ce fût un excellent entraînement à ma profession de psychiatre, cela donna à l'enfant que j'étais beaucoup plus de responsabilités qu'il n'en aurait voulu. Je m'en rends compte maintenant. Je devins donc un jeune homme grave, habitué à assumer de lourdes responsabilités.

L'affection de ma mère était sans réserve et s'exerçait en toute occasion ; beaucoup plus spontanée que mon père, elle nous manipulait sans complexe en jouant les martyres, en nous culpabilisant, en exagérant sa tendresse ou en mettant à profit nos petites rivalités. En revanche, elle était rarement mélancolique et nous pouvions toujours compter sur sa tendresse et son soutien.

Mon père gagnait convenablement sa vie comme photographe industriel, mais si nous mangions tous les jours et très bien, l'argent ne coulait pas à flots à la maison. Peter, le benjamin, naquit lorsque j'avais neuf ans. Nous vivions donc à six dans un quatre-pièces avec un jardin.

La vie dans ce petit appartement était mouvementée et bruyante. Je cherchais refuge parmi les livres. Quand je ne jouais pas au basket ou au base-ball – les deux passions de mon enfance – je lisais avec frénésie. Je savais que la réussite scolaire était le seul moyen d'échapper à la médiocrité, si confortable soit-elle, et j'étais toujours le premier ou le second à l'école.

Lorsque j'obtins une bourse d'études pour l'université de Columbia j'étais déjà un jeune homme sérieux et appliqué. Je continuai mes études sans encombre, me spécialisai en chimie et obtins ma licence avec mention. Je décidai de devenir psychiatre car cette spécialité conciliait mon goût pour la science et ma fascination pour les méandres de l'esprit. De plus, une carrière médicale me permettrait d'aider les autres, de leur manifester ma compassion. Entre-temps, j'avais rencontré Carole pendant des vacances d'été passées à l'hôtel de Catskill Mountain. C'est là qu'elle résidait alors que j'y travaillais comme aide-serveur. Nous fûmes tout de suite attirés l'un par l'autre, comme si nous nous étions toujours connus. Correspondance, rendez-vous, sorties… Nous nous fiançâmes durant ma deuxième année à Columbia. Carole était à la fois belle et intelligente. Tout allait pour le mieux. On se préoccupe rarement des problèmes de la mort, de la vie éternelle ou de la survie après la mort lorsque tout va bien et qu'on est jeune et amoureux. Je ne fis pas exception à la règle. Je voulais devenir un vrai scientifique et j'apprenais à penser de façon logique et froide, en ne m'appuyant que sur des « preuves ».

Je perfectionnai encore la méthode au cours de mon séjour à la faculté de médecine de l'université de Yale. Je choisis comme thèse la chimie du cerveau et le rôle des neurones, agents de transmission chimique dans les tissus.

Je rejoignais donc la nouvelle race des psychiatres biologistes qui unissent les théories psychiatriques traditionnelles à la chimiothérapie du cerveau. J'écrivis de nombreux articles scientifiques, donnai des conférences à l'échelle nationale et locale, et devins assez réputé dans mon domaine. J'étais sérieux, un peu obsédé par mon travail et inébranlable dans mes décisions, traits de caractère utiles chez un médecin. Je me sentais parfaitement capable de soigner n'importe quel patient qui franchirait la porte de mon bureau.

Puis Catherine devint Aronda, une jeune fille qui avait vécu en 1863 avant J.-C. À moins que ce ne soit l'inverse ? Et elle était de nouveau devant moi, plus heureuse qu'elle ne l'avait jamais été.

Catherine allait-elle vouloir continuer les séances sous hypnose ? N'aurait-elle pas peur de poursuivre l'expérience ? La question me tourmenta quelque temps mais la jeune femme lui apporta très vite une réponse. Je l'hypnotisai de nouveau.

— Je jette des couronnes de fleurs sur les vagues pour une cérémonie. J'ai de longues tresses blondes. Je porte une robe brune à motifs dorés et des sandales. Quelqu'un est mort, quelqu'un de la maison royale... La mère. Je suis domestique dans la maison royale où j'aide aux cuisines. Nous mettons les corps dans la saumure durant trente jours. Ils se dessèchent et ensuite nous sortons les membres... Je peux sentir l'odeur, cette odeur de cadavres...

Catherine était spontanément retournée à la vie d'Aronda, mais à une période différente, lorsqu'elle devait préparer les morts.

— Cela se passe ailleurs, raconta-t-elle. Je peux voir les corps. Nous les enveloppons. L'âme s'envole. Le mort peut prendre ses affaires avec lui pour se préparer à une autre existence, plus riche et plus belle.

Je reconnaissais là une conception égyptienne de la mort et de la réincarnation, si différente de nos croyances occidentales. Le mort emportait ses objets familiers.

Catherine abandonna cette vie antérieure et se reposa quelques minutes, avant de repartir encore plus loin dans le temps.

— De la glace pend du plafond d'une caverne... Il y a des rochers...

Elle décrivit ensuite un endroit sombre et misérable. Elle était visiblement mal à l'aise. Plus tard, elle me révéla qu'elle s'était vue laide, sale et sentant mauvais.

Nouvelle époque. Nouvelle incarnation.

— Il y a quelques bâtiments et un chariot avec des roues de pierre. J'ai un bout d'étoffe sur mes cheveux bruns. Le chariot transporte de la paille. Je suis heureuse. Mon père est là... Il me serre contre lui. C'est... c'est Edward (le pédiatre qui avait insisté pour que Catherine me consulte). Edward est mon père. Nous vivons dans une vallée plantée d'arbres. Des oliviers et des figuiers poussent dans la cour. Les gens écrivent sur des papiers. Ils tracent de drôles de signes en guise de lettres, ils écrivent toute la journée, ils font une bibliothèque. Nous sommes en 1536 avant J.-C. La terre est pauvre. Le nom de mon père est Persée.

L'année a changé mais je reconnais l'incarnation qu'elle évoquait la semaine précédente. Je lui demande de sauter quelques années.

— Mon père vous connaît, m'assure-t-elle. Ensemble, vous discutez souvent récoltes, loi et gouvernement. Il dit que vous êtes très intelligent et que je devrais vous écouter... Mon père est couché dans une pièce sombre. Il est vieux et malade. Il fait froid... Je me sens si vide. (Elle continua d'avancer dans le temps.) Maintenant je suis vieille et faible. Ma fille est là, près de mon lit. Mon mari est déjà mort. Le mari de ma fille est là lui aussi, avec leurs enfants. Il y a beaucoup de monde autour de moi.

Sa mort fut paisible cette fois. Elle flottait, me dit-elle. Cela évoqua pour moi les études de Raymond Moody sur le moment précédant la mort. Ses témoins parlaient eux aussi de cette sensation de flottement avant d'être ramenés à leur corps. J'avais lu ce livre plusieurs années auparavant et je me promis de le relire. Je me demandai si Catherine pourrait se rappeler ce qui se passait « après » la mort, mais elle se borna à dire « Je suis en train de flotter », et je la réveillai pour conclure la séance.

Animé par une curiosité insatiable envers toute étude scientifique sur la réincarnation, je fouillai les bibliothèques médicales et lus les œuvres de Ian Stevenson, docteur en médecine et professeur en psychiatrie de l'université de Virginie, personnalité respectée qui avait beaucoup écrit sur le sujet... Le Dr Stevenson avait rassemblé plus de deux mille témoignages d'enfants possédant des souvenirs de leurs vies antérieures. Beaucoup pratiquaient la « xénoglossie », c'est-à-dire qu'ils étaient capables de parler dans des langues étrangères qu'ils n'avaient jamais apprises. Les cas qu'il exposait étaient soigneusement analysés, bien documentés, bref, remarquables.

Je découvris une excellente étude scientifique rédigée par Edgar Mitchell et pris connaissance avec intérêt des rapports publiés par l'université de Duke sur ses travaux parapsychologiques. Je dévorai les écrits du professeur C.J. Ducasse de l'université Brown, et étudiai de près les conclusions de Martin Ebon, des Drs Helen Wambach, Gertrude Schmeidler, Frederick Lenz et Edith Fiore. Plus je lisais, plus ma curiosité augmentait. Je commençais à comprendre que mon éducation dont j'étais si fier avait des limites somme toute étroites. Les bibliothèques sont remplies d'ouvrages consacrés à ce type de recherches, mais fort peu de gens se sont donné la peine de les lire. La plupart de ces travaux avaient été dirigés, vérifiés et démontrés par des spécialistes ou des cliniciens de grande réputation. Se pouvait-il qu'ils se soient tous fourvoyés ? Leurs témoignages paraissaient écrasants et pourtant, je doutais encore. C'était, à mon sens, trop incroyable pour être vrai.

Cette expérience nous avait profondément affectés, Catherine et moi, chacun dans son domaine. Catherine voyait son état s'améliorer de jour en jour, et mon horizon s'élargissait à vue d'œil. Les craintes qui la tourmentaient depuis des années s'évanouissaient peu à peu et je découvrais une nouvelle façon de l'aider. J'ignorais encore si c'était grâce à des souvenirs ou à des visions, mais je refusais de m'arrêter en si bonne voie.

Je réfléchis à tout ceci pendant qu'elle s'abandonnait au sommeil hypnotique, au début de la séance. Avant ce travail sous hypnose elle m'avait raconté un de ses rêves : elle jouait aux dames sur des marches de pierre à l'aide d'un damier troué. Ce rêve l'avait particulièrement impressionnée. Je lui demandai de franchir les bornes ordinaires du temps et de l'espace et de rechercher si ce rêve avait un rapport avec l'une de ses incarnations.

— Un escalier de pierre mène à une tour qui domine un paysage de montagnes et de mer. Je suis un garçon. Mes cheveux blonds sont étranges… Mes vêtements sont courts, faits de peaux de bêtes, marron et blanc. Il y a des hommes au sommet de la tour… Des gardes. Ils sont sales. Ils jouent mais ce n'est pas un jeu de dames bien que cela lui ressemble un peu. Le damier n'est pas carré mais rond et ils se servent de pions pointus comme des poignards, qu'ils plantent dans les trous. Les pions sont sculptés en forme de têtes d'animaux. Kirusan. (J'écris ce nom phonétiquement.) Est-ce le nom de la région ? Je crois que je suis aux Pays-Bas, vers 1473.

Je lui demandai le nom du village où elle habitait et ce qu'elle pouvait voir ou entendre une année plus tard.

— Je suis dans un port. Une forteresse domine le bras de mer. Je vois une cabane et ma mère qui fait la cuisine dans un pot d'argile. Je m'appelle Johan.

Elle parvint à l'heure de sa mort. À ce stade de nos séances, je recherchais toujours l'événement marquant qui l'avait traumatisée au point de provoquer les angoisses et les troubles qu'elle ressentait dans cette vie. Même si ces évocations relevaient de l'imaginaire – ce dont je n'étais absolument pas certain – elles pouvaient justifier les symptômes dont elle souffrait. Après tout, j'avais déjà rencontré des individus traumatisés par leurs rêves. Certains étaient incapables de déterminer s'il s'agissait d'un traumatisme infantile réel ou onirique, mais le souvenir de cet événement hantait bel et bien leur vie d'adultes.

Je ne me rendais pas encore clairement compte de l'influence écrasante que pouvaient avoir sur un enfant les critiques perpétuelles d'un parent, assenées jour après jour, et les dégâts psychologiques qu'elles pouvaient causer. Ces influences néfastes étaient plus dangereuses qu'un seul événement traumatisant : inséparables de la vie quotidienne, elles étaient encore plus difficiles à débusquer et à exorciser.

Un enfant qui est critiqué sans répit perdra toute assurance et toute estime de soi. Celui qui a été humilié un seul jour et qui en garde le souvenir épouvanté sera peut-être moins atteint dans l'opinion qu'il a de lui-même. Un enfant élevé dans une famille indigente et qui connaît la faim quotidiennement souffrira des mêmes problèmes psychologiques que celui qui a connu la faim accidentellement. Je devais bientôt comprendre que l'action permanente des forces négatives était digne du même intérêt qu'un seul événement traumatisant et brutal. Dans un cas comme dans l'autre, la thérapeutique est nécessaire.

Catherine se remit à parler.

— Il y a des bateaux qui ressemblent à des canoës peints de frais. Nous avons des armes : des javelots, des frondes, des arcs et des flèches de grandes dimensions. Nous utilisons d'étranges avirons pour ramer. Tout le monde rame. C'est la nuit et nous nous sommes probablement perdus. Il n'y a aucune lumière et j'ai peur. Il y a une multitude de bateaux (il s'agit probablement d'un raid). J'ai peur des animaux. Nous dormons dans des peaux de bêtes nauséabondes et sales. Nous partons en reconnaissance. J'ai de drôles de chaussures... des sortes de sacs avec des lacets aux chevilles. Ils sont taillés dans des peaux de bêtes. (Long silence.) La chaleur du feu brûle mon visage.

Les miens tuent nos ennemis mais je ne veux pas tuer, et pourtant j'ai un couteau à la main.

Tout à coup, elle commença à émettre des gargouillis et à chercher son souffle. Elle me raconta qu'un ennemi l'avait attaquée par-derrière et, tout en l'étranglant d'un bras, lui avait tranché la gorge. Elle vit le visage de son meurtrier avant de mourir. C'était Stuart. Il paraissait différent mais elle savait que c'était lui. Johan était mort à l'âge de vingt et un ans.

Elle flottait au-dessus de son corps et observait la scène. Déconcertée, troublée, elle se laissait porter par les nuages. Bientôt, elle se sentit attirée à l'intérieur d'un espace « clos, minuscule et chaud ». Elle était sur le point de renaître.

— Quelqu'un me tient dans ses bras, chuchota-t-elle d'une voix basse et rêveuse. Une femme qui m'a aidée à naître. Elle porte une robe verte avec un tablier blanc. Elle a aussi une coiffe blanche dont les ailes sont repliées en arrière. La pièce où nous sommes a de curieuses fenêtres… avec des petits carreaux. La maison est en pierre. Ma mère a de longs cheveux noirs. Elle veut me prendre contre elle. Elle est vêtue d'une chemise de nuit de grosse toile rugueuse. C'est bon d'être au soleil de nouveau. C'est… la *même* mère que j'ai actuellement.

Au cours de la séance précédente, je lui avais demandé d'observer les gens qu'elle côtoyait dans ses vies antérieures. Les rencontrait-elle dans sa vie actuelle ? Selon la plupart des témoignages, les familles d'âmes ont tendance à se réincarner ensemble pour liquider leur « karma » (les dettes vis-à-vis des autres et de soi-même, les leçons à assimiler) d'une vie à l'autre.

Puisque je voulais comprendre la nature du drame étrange et spectaculaire qui se déroulait sous mes yeux, à l'insu du reste du monde, dans mon bureau bien tranquille et faiblement éclairé, il me fallait vérifier certains détails. Je ressentais le besoin d'appliquer mes méthodes scientifiques aux extraordinaires informations fournies par ma patiente.

Entre les séances d'hypnose, Catherine elle-même se découvrait des dons de voyance. Elle avait, au sujet des gens et des événements, des intuitions qui s'avéraient justes. Durant le sommeil hypnotique, elle anticipait mes questions. La plupart de ses rêves avaient un aspect prophétique.

Lors d'une des visites que lui rendirent ses parents, son père manifesta un sérieux scepticisme. Pour lui prouver la réalité de ses dires, Catherine l'emmena au champ de courses. Là, pour lui, elle désigna successivement le vainqueur de chaque course.

Le père fut abasourdi. Une fois les gagnants annoncés et vérifiés, elle prit tout l'argent de ses gains et le donna au premier nécessiteux qu'elle rencontra dans la rue. Elle avait eu l'intuition que ses nouveaux pouvoirs spirituels ne devaient pas être utilisés pour s'enrichir. Pour elle, il s'agissait de quelque chose de beaucoup plus important. Elle m'avoua que l'expérience lui faisait un peu peur, mais qu'elle était si heureuse de cette évolution qu'elle tenait absolument à poursuivre son travail de régression sous hypnose. Ses nouveaux dons, en particulier l'épisode des courses, me stupéfièrent et me fascinèrent à la fois. C'était une preuve indubitable. Elle avait deviné le gagnant de chaque course ; ce ne pouvait être une coïncidence. Un phénomène des plus étranges se produisait dans mon cabinet et j'essayais de garder la tête froide. Je ne pouvais nier les dons de voyance de Catherine. Et puisqu'ils étaient réels et qu'elle obtenait des résultats vérifiables, pourquoi ses évocations de vies antérieures ne seraient-elles pas véridiques, elles aussi ?

Elle revint à l'incarnation qu'elle avait évoquée. Elle semblait plus récente, mais à quelle époque appartenait-elle ? Mystère ! Catherine s'appelait alors Elizabeth.

— Je suis un peu plus âgée. J'ai un frère et deux sœurs. Nous sommes à table pour le repas du soir... Mon père est là. C'est Edward (le pédiatre, de nouveau sous les traits paternels). Ma mère et mon père se disputent encore. Nous mangeons des pommes de terre et des haricots. Mon père est en colère parce que la nourriture est froide. Ils se disputent violemment. Il est toujours pris de boisson... Il frappe ma mère. (Catherine tremble et sa voix reflète sa frayeur.) Il bouscule les enfants. Il n'est plus comme avant et je ne l'aime pas. Si seulement il pouvait s'en aller.

Elle parlait comme un enfant.

Les questions que je lui posais durant ces séances différaient considérablement de celles que j'aurais posées dans une thérapie normale. J'essayais d'être un guide pour elle. Je faisais de mon mieux pour appréhender une vie en l'espace d'une heure ou deux, tout en recherchant les schémas traumatisants qui pouvaient expliquer ses angoisses et ses troubles actuels. Une thérapie conventionnelle se déroule selon un rythme beaucoup plus lent et de façon plus fouillée. Chaque mot choisi par le patient est analysé. Chacune de ses nuances et son sens caché sont révélés. Chaque geste, chaque mouvement, chaque inflexion de la voix est étudié et évalué. Chaque réaction émotive est soigneusement pesée. Les schémas de comportement sont minutieusement comparés les uns aux autres. Avec Catherine, toutefois, une année entière pouvait se dérouler en l'espace de quelques minutes. Conduire une séance équivalait à piloter une voiture de course à pleins gaz tout en essayant de repérer des visages dans la foule des spectateurs.

Je reportai mon attention sur Catherine et lui demandai de passer quelques années.

— Je suis mariée maintenant... Notre maison a une seule grande pièce. Mon mari est blond. Je ne le connais pas. (C'est-à-dire qu'il n'apparaît pas dans sa vie présente.) Nous n'avons pas d'enfant... Il est très gentil avec moi. Nous nous aimons et nous sommes heureux.

Manifestement, elle avait réussi à s'évader de l'atmosphère étouffante de la maison paternelle. Je lui demandai si elle pouvait identifier l'endroit où elle vivait.

— Peut-être Brennington, chuchota-t-elle en hésitant. Je vois des livres avec des drôles de vieilles couvertures. Les plus gros sont fermés avec des courroies. Je crois que c'est la Bible. Les caractères sont bizarres... elle est peut-être écrite en langue gaélique.

Elle prononça alors quelques paroles que je ne pus saisir. Étaient-elles en gaélique ou non ? Impossible de le déterminer.

— Nous vivons à l'intérieur des terres, loin de la mer. Dans la campagne... Est-ce Brennington ? Il y a une ferme avec des cochons et des agneaux. C'est notre ferme. (Elle se transporta quelques années plus tard.) Nous avons deux fils... L'aîné se marie. Je peux voir la flèche du clocher... C'est une très vieille église de pierre.

Brusquement Catherine eut mal à la tête. Ses tempes étaient comme serrées dans un étau. Elle me raconta qu'elle était tombée sur les marches de pierre mais qu'elle s'était remise. Elle était morte de vieillesse, dans son lit, entourée des siens.

Elle avait ressenti la même sensation de flottement après sa mort, mais cette fois, elle ne fut ni troublée ni inquiète.

— J'ai conscience d'une vive lumière. C'est merveilleux. Elle me donne de l'énergie.

Elle revécut le moment qui avait suivi sa mort. Quelques minutes s'écoulèrent en silence. Tout à coup elle se remit à parler, mais ce n'était plus le chuchotement auquel elle m'avait habitué, c'était une voix rauque, forte et résolue.

— Nous devons apprendre et, par la connaissance, devenir semblables à Dieu. Nous sommes si ignorants. Vous êtes là pour m'enseigner. J'ai tant à apprendre. Par la connaissance, nous nous rapprochons de Dieu et nous pouvons nous reposer. Puis, nous revenons sur terre pour aider autrui.

Je demeurai sans voix. Il s'agissait d'une leçon de l'au-delà, de la zone intermédiaire entre deux incarnations. D'où provenaient ces conseils ? Ce n'était ni la façon de parler, ni le vocabulaire, ni le style habituels de Catherine. Même le ton de sa voix était différent.

À ce moment-là, je n'avais pas encore compris que ces pensées n'émanaient pas de Catherine, bien que ce fût sa voix. La jeune femme servait simplement d'interprète à ceux qu'elle appela plus tard « les Maîtres », et qui étaient des âmes hautement évoluées sans enveloppe physique. C'est par son entremise qu'ils s'adressaient à moi. Non seulement Catherine était capable de revivre ses incarnations passées, mais elle pouvait encore servir de messagère à l'autre monde. Quelle magnifique leçon ! J'essayai pourtant de demeurer objectif.

J'entrai en quelque sorte dans une nouvelle dimension. Catherine n'avait jamais lu les ouvrages du Dr Elizabeth Kubler Ross ou du Dr Raymond Moody sur les moments qui précèdent la mort. Elle ne connaissait pas le « Livre des morts tibétains » et pourtant elle me décrivait des expériences semblables à celles qui sont relatées dans ces ouvrages. N'était-ce pas une preuve ? Si seulement elle pouvait me donner d'autres faits, d'autres détails vérifiables ! Je ne pouvais me détacher tout à fait de mon scepticisme. Peut-être avait-elle lu, dans un journal, un article sur l'après-vie, ou peut-être avait-elle vu une émission à la télévision sur le même sujet ? Elle pouvait en garder inconsciemment le souvenir tout en niant de bonne foi en avoir pris connaissance. Je notai qu'elle allait plus loin que ces auteurs puisqu'elle délivrait un message de l'autre monde. Je regrettai de n'avoir pas davantage de faits à ma disposition.

Après son réveil, Catherine se souvint des détails de ses existences précédentes, comme à l'accoutumée. Toutefois, elle ne se rappela rien de ce qui suivit la mort d'Elizabeth, et elle ne devait jamais se souvenir par la suite des détails concernant cet état d'après-vie. Elle ne gardait que la trace de ses vies sur la terre.

« Par la connaissance, nous nous rapprochons de Dieu. » C'est bien en effet ce qui se passait pour nous.

4

— Je vois une maison blanche et carrée où mène une route sablonneuse. Des gens à cheval vont et viennent, dit Catherine du même ton rêveur. Il y a des arbres... C'est une plantation... une grande maison et un groupe de bâtiments plus petits où logent les esclaves. Il fait très chaud. Nous sommes dans le Sud... en Virginie probablement, en 1873. Je suis une enfant... Il y a des chevaux et des cultures de blé, de tabac...

Catherine et les autres domestiques mangeaient dans la cuisine de la grande maison. Elle était noire et s'appelait Abby. Un pressentiment la saisit et je vis son corps se raidir. La grande maison était en feu et elle la regardait brûler.

Je lui demandai de faire un saut de quinze années. Que faisait-elle en 1888 ?

— Je porte une vieille robe et je nettoie un miroir au deuxième étage d'une maison de briques. Les grandes fenêtres ont d'innombrables vitres. Ce miroir n'est pas plat mais bombé avec des poignées à ses extrémités. L'homme qui possède cette maison s'appelle James Manson. Il porte une drôle de redingote à trois boutons, avec un grand col noir. Il est barbu… Je ne le reconnais pas. (Elle voulait dire qu'il n'apparaissait pas dans sa vie actuelle.) Il me traite bien. Je vis dans une petite maison située dans la propriété. Je suis femme de ménage. Il y a aussi une école sur le domaine, mais je n'ai pas le droit d'y aller. C'est moi qui fais le beurre.

Catherine parlait d'une voix basse et lente en utilisant des mots très simples et en s'attachant aux détails. Pendant plus de cinq minutes, elle m'apprit comment faire le beurre. Catherine n'avait pas ce genre de compétence dans sa vie actuelle. Je lui demandai de progresser.

— Je vis avec un homme mais nous ne sommes pas mariés. Nous dormons ensemble sans vivre vraiment en couple… Je l'aime bien, sans plus. Je ne vois pas d'enfant autour de moi. Il y a des pommiers et des canards. D'autres gens s'affairent au loin. Je récolte les pommes. Mes yeux me piquent. (Catherine fit la grimace.) C'est la fumée. Le vent souffle dans ma direction et m'envoie la fumée du bois qui brûle. Ils font brûler des tonneaux de bois. (Elle se mit à tousser.) Cela arrive fréquemment. Ils goudronnent l'intérieur des tonneaux afin de les rendre étanches.

Après l'émoi des séances précédentes, j'étais impatient de lui faire retrouver l'état intermédiaire entre la mort et une nouvelle naissance. Nous avions déjà consacré quatre-vingt-dix minutes à l'existence de la domestique noire. J'avais beaucoup appris sur la fabrication du beurre, l'étanchéité des tonneaux et l'entretien des dessus-de-lit. J'attendais une leçon plus spirituelle. Abandonnant toute patience, je lui suggérai de revivre sa mort.

— J'ai du mal à respirer. Ma poitrine est douloureuse. (Catherine haletait. Elle souffrait manifestement.) Ma tête aussi me fait mal. Je reçois comme des coups. J'ai très froid... Je tremble de tout mon corps. (Elle se mit à frissonner.) Les personnes qui sont dans la pièce me donnent du thé. Il a une odeur bizarre. On me frotte la poitrine avec un liniment. J'ai la fièvre... mais j'ai très froid.

Elle mourut calmement. Du plafond où elle flottait, elle pouvait voir son propre corps étendu sur le lit, celui d'une sexagénaire de petite taille, toute fripée. En flottant au-dessus du lit, elle avait l'impression d'attendre quelqu'un qui devait venir l'aider. Elle prit conscience d'une lumière vers laquelle elle se sentait attirée. Cette lumière devint éblouissante. Quelques minutes passèrent en silence, puis Catherine se retrouva projetée dans une autre vie, des milliers d'années auparavant.

Elle chuchotait toujours avec lenteur.

— De nombreuses gousses d'ail sont suspendues au plafond. Je sens leur odeur. L'ail est censé purifier le corps et guérir les maladies, mais on doit en prendre tous les jours. Il y a de l'ail au-dehors également, en haut du jardin. Et d'autres plantes... des figues, des dattes. Ces plantes ont toutes des propriétés curatives. Ma mère achète de l'ail et certaines plantes. Il y a quelqu'un de malade dans la famille. Ce sont d'étranges racines. Parfois il suffit de les garder dans la bouche, dans les oreilles ou dans tout autre orifice naturel. Il suffit simplement de les garder ainsi.

» Je vois aussi un vieil homme barbu. C'est un des guérisseurs du village. Il nous dit ce que nous devons faire. Une épidémie sévit actuellement... qui fait beaucoup de victimes. On ne les embaume plus car tout le monde a peur d'être contaminé. On se contente d'enterrer les morts et beaucoup pensent que ce n'est pas bien, qu'ainsi les âmes ne peuvent plus passer à la vie éternelle (contrairement à ce que dit Catherine de l'après-vie). C'est l'hécatombe. Les bêtes meurent aussi. À cause des inondations... L'eau... L'eau est empoisonnée. Elle provoque des douleurs d'estomac. Les entrailles se vident. Le corps perd toute son eau. Je vais puiser de l'eau au bord du fleuve mais c'est elle qui nous tue. J'apporte de l'eau à ma mère et à mes frères qui tombent malades. Mon père est déjà mort.

Je laissai souffler Catherine avant de la pousser plus avant dans cette incarnation. J'étais fasciné par la façon dont ses conceptions de la mort et de l'après-vie changeaient d'une incarnation à l'autre, et pourtant chaque mort était ressentie pareillement. Ce qui demeurait conscient en elle délaissait le corps au moment du décès et flottait au-dessus de lui, avant d'être absorbé par une merveilleuse lumière. Elle attendait ensuite que quelqu'un vienne à son aide, mais l'âme entrait automatiquement dans la vie éternelle. L'embaumement, les rites funéraires ou toute autre procédure n'avaient aucune influence sur ce passage. Il était systématique. Aucune préparation n'était nécessaire. Une porte s'ouvrait et l'âme en franchissait le seuil.

— La terre est stérile et sèche, continua Catherine. Je ne vois pas de montagne mais une plaine asséchée. L'un de mes frères est mort. Je me sens mieux mais je souffre encore. (Elle ne lui survécut pas longtemps.) Je me vois gisant sur un grabat, sous une méchante couverture.

Elle fut très malade et aucune plante ne put la sauver. Bientôt, elle flotta au-dessus de son corps vers la lumière familière, en attendant patiemment que quelqu'un vînt à elle.

Elle roulait la tête d'un côté et de l'autre, comme si elle contemplait un spectacle. Sa voix redevint rauque et sonore.

— Ils me disent qu'il y a de nombreux dieux car Dieu est en chacun de nous.

Je reconnus la voix qu'elle avait à l'état post-mortem à sa tonalité rauque et au contenu résolument spirituel de son message. Ce qu'elle me dit ensuite me coupa le souffle.

— Votre père est là, ainsi que votre fils qui est un tout petit enfant. Votre père dit que vous le reconnaîtrez à son prénom car il s'appelait Avrom, et votre fille a été nommée en souvenir de lui. Il est mort d'une maladie de cœur. C'est du cœur qu'est mort aussi votre fils car il souffrait d'une malformation. Son cœur était comme celui d'un poulet. Son amour pour vous l'a conduit à se sacrifier. Il a une âme très évoluée. Sa mort a réglé vos dettes karmiques. Il voulait aussi vous montrer que, malgré tous ses progrès, la science médicale est encore imparfaite.

Catherine se tut et je demeurai plongé dans un silence respectueux et craintif, tout en essayant de comprendre ce qui m'arrivait. La pièce était devenue subitement fraîche.

Catherine connaissait très peu ma vie privée. Sur mon bureau, je gardais une photo de ma fille, un bébé heureux et souriant qui montrait ses deux uniques dents. À côté d'elle, mon fils. Catherine ne savait rien de ma famille et de son histoire. J'avais été formé aux méthodes de la psychothérapie traditionnelle selon lesquelles le psychothérapeute est une « table rase », un écran vierge sur lequel le malade projette ses sentiments, ses pensées et ses réactions. Tout ce matériel faisait l'objet d'une analyse thérapeutique qui élargissait l'horizon intérieur du malade. J'avais gardé cette distance avec Catherine. Elle ne connaissait de moi que le psychiatre, dont elle ignorait le passé et la vie privée. Je n'avais même jamais accroché mes diplômes dans mon bureau.

Le drame de ma vie avait été la mort subite de mon fils premier-né, Adam, qui n'avait vécu que vingt-trois jours, en 1971. Dix jours après son arrivée à la maison, il avait souffert de problèmes respiratoires et de vomissements. Le diagnostic avait été très difficile à établir. « Circulation pulmonaire totalement anormale avec malformation des veines. » Ces veines pulmonaires, censées apporter l'oxygène au cœur, étaient mal disposées : elles pénétraient dans le cœur par le mauvais côté. « Une telle malformation, extrêmement rare, ne se produit qu'une fois sur dix millions de naissances. »

Aucune opération à cœur ouvert ne pouvait sauver Adam qui mourut quelques jours plus tard. Nous le pleurâmes des mois durant. Il avait emporté avec lui tous nos espoirs et nos rêves.

Au moment de sa mort, j'avais hésité sur le choix d'une carrière. Devais-je devenir psychiatre ? Mes études de médecine me passionnaient et on m'avait offert l'internat. Après la mort d'Adam, ma décision fut prise. Je serais psychiatre. Je ne supportais pas l'idée que la médecine moderne, avec toute sa technologie et ses connaissances, ait échoué à sauver mon tout petit enfant.

Mon père avait joui d'une excellente santé jusqu'en 1979 mais, à l'âge de soixante et un ans il fut victime d'un malaise cardiaque. Il se remit, mais son cœur en resta irrémédiablement affaibli et il mourut trois jours plus tard. Cet événement survint neuf mois avant ma première entrevue avec Catherine.

Mon père était croyant, quoique d'une façon plus traditionnelle que spirituelle. Son nom hébreux, Avrom, lui convenait mieux que son nom anglais, Alvin. Quatre mois après sa mort, notre fille vint au monde et reçut le prénom d'Amy.

Nous étions en 1982. Dans la pénombre de mon bureau silencieux, je me trouvais tout à coup submergé par la spiritualité et j'y prenais plaisir. J'en avais la chair de poule. Catherine ne pouvait connaître tous ces détails de ma vie familiale.

Comment aurait-elle pu acquérir ces informations ? Où les eût-elle obtenues ? Comment aurait-elle appris le prénom hébreu de mon père, la malformation congénitale, si rare, de mon fils sa mort précoce, mes hésitations sur la carrière à suivre, la mort de mon père, et enfin le choix du nom de ma fille ? Toutes ces précisions étaient trop personnelles et trop nombreuses. Simple technicienne de laboratoire, Catherine avait accès à la connaissance transcendantale. Quelles autres vérités allait-elle me révéler ? J'avais besoin d'en savoir plus.

— Qui est là ? bredouillai-je. Qui vous dit toutes ces choses ?

— Les Maîtres, chuchota-t-elle. Ce sont les Maîtres Spirituels qui me les disent. Grâce à eux, je sais que j'ai vécu quatre-vingt-six fois dans un corps physique.

La respiration de Catherine se ralentit et elle cessa de rouler la tête d'un côté et de l'autre. Elle se reposait. Je voulais qu'elle continue mais ce qu'elle laissait entendre me troublait au plus haut point. Avait-elle vécu réellement quatre-vingt-six fois ? Qui étaient ces « Maîtres » ? Nos vies pouvaient-elles être guidées par des esprits doués de grandes connaissances ? Y avait-il des paliers sur le chemin qui conduisait à Dieu ? Me disait-elle la vérité ? Devant ses révélations il m'était difficile de douter, et pourtant je conservais encore un certain scepticisme. J'avais des années de conditionnement à rattraper. Au plus profond de moi, j'étais déjà convaincu qu'elle disait vrai.

Que devais-je penser de mon père et de mon fils ? En un sens, ils vivaient toujours. Ils n'étaient pas vraiment morts. Des années après leur enterrement ils me parlaient encore et me prouvaient leur présence par des renseignements très particuliers et très intimes. Mon fils était-il vraiment, comme me l'avait assuré Catherine, spirituellement avancé ? Avait-il accepté de naître parmi nous et de mourir vingt-trois jours plus tard pour nous aider à payer nos dettes karmiques ? Pour me faire comprendre ce qu'était réellement la médecine, ce qu'elle pouvait apporter à l'humanité et me diriger en douceur vers la psychiatrie ? Ces pensées me réconfortaient infiniment.

J'avais beau frissonner, je me sentais déborder d'amour, j'éprouvais un sentiment d'unité et de communion avec le ciel et la terre. Mon père et mon fils m'avaient beaucoup manqué. C'était bon de les entendre à nouveau.

Après cette séance, ma vie ne fut plus jamais la même. Une main s'était tendue vers moi et avait du tout au tout modifié le cours de mon existence. Toutes les lectures que j'avais faites avec une attention soutenue mêlée de scepticisme se placèrent dans une juste perspective. Les souvenirs et les messages de Catherine étaient authentiques. J'avais eu raison de croire en la réalité de ses expériences. En m'apportant des faits, on me fournissait des preuves.

Toutefois, je ne pus m'empêcher d'élever une objection. Malgré la joie de cette découverte, malgré cette révélation mystique, ma vieille logique et cette habitude de douter de tout me soufflèrent des arguments contraires. Et s'il s'agissait seulement de perception extra-sensorielle due à un don de voyance ? Certes, c'était une faculté extraordinaire mais elle ne prouvait ni la réincarnation ni l'existence de « Maîtres spirituels » ? J'y répondis en me remémorant ces milliers de cas, cités par les ouvrages scientifiques, qui confirmaient le message de Catherine : tous ces témoins – des enfants pour la plupart –, qui sont capables de parler une langue étrangère sans l'avoir jamais apprise, ont des marques de naissance aux endroits où ils ont été blessés dans leur vie antérieure, et retrouvent des objets qu'ils ont cachés ou enterrés des siècles plus tôt, à des milliers de kilomètres de distance. Je connaissais la personnalité et le caractère de Catherine. Je savais qui elle était. Non, cette fois je ne pouvais être dupe. La preuve était trop criante, aveuglante même. Elle me disait la vérité et j'en eus de nouvelles preuves au fur et à mesure que nous continuâmes nos séances de régression sous hypnose.

Il m'arrivait parfois d'oublier la force et la spontanéité de ses témoignages. Il m'arrivait aussi de retomber dans l'ornière du quotidien et de me laisser accaparer par mes petits soucis. J'étais alors en proie aux doutes. Comme si le scepticisme, avec son retour aux vieux schémas de pensée et aux vieilles croyances, s'emparait de mon être dès que je cessais de me concentrer sur ces phénomènes. Il me fallait y repenser, me répéter qu'ils existaient bel et bien. Je me rendis compte alors combien il est difficile de croire en un concept sans en avoir fait directement l'expérience. L'expérience personnelle est nécessaire pour ajouter la foi à la compréhension, l'adhésion émotionnelle à l'intelligence, mais l'expérience perd toujours un peu de son pouvoir de conviction.

D'abord, je n'eus pas conscience du changement qui se produisait en moi. Je devins plus calme et plus patient. Mon entourage me trouvait plus paisible et plus heureux. L'espoir et la joie grandirent en moi. Ma vie gagna en plénitude et je fus plus serein. Je perdis peu à peu toute crainte de la mort. J'eus moins peur de perdre les miens, même si je savais qu'ils me manqueraient beaucoup. La peur de la mort exerce une profonde influence sur nous. Elle explique les crises de la quarantaine, les disparités d'âge dans les liaisons amoureuses, les opérations esthétiques, l'obsession de la ligne, de la jeunesse, de la richesse, la volonté de procréer seulement pour transmettre son nom… Nous sommes si obnubilés par la peur de la mort que nous en oublions la vie.

Je devins aussi moins exigeant. Je n'avais plus le besoin frénétique de tout contrôler dans ma vie. J'essayais d'acquérir un détachement plus grand, mais la transformation était difficile. J'avais encore beaucoup à apprendre.

Je finis par admettre cette possibilité, cette probabilité : les messages de Catherine étaient authentiques. Les faits incroyables qu'elle m'avait révélés au sujet de mon père et de mon fils n'avaient pu lui être connus par les moyens sensoriels humains. Ses connaissances et ses capacités prouvaient un don médiumnique remarquable. Je la croyais mais restais encore prudent et sceptique devant telle ou telle publication. Qui sont ces gens qui glosent sur les phénomènes de voyance, la vie après la mort et autres événements supra-normaux ? Ont-ils une formation scientifique qui leur permette d'observer et de juger ? En dépit des expériences troublantes et merveilleuses que je vivais avec Catherine je savais que mon sens critique s'exercerait encore. J'étais prêt à analyser toute information nouvelle, à m'assurer de sa vraisemblance dans le cadre de ma thérapie, à l'étudier sous tous les angles avec la minutie d'un microscope. Cela dit, je ne pouvais plus nier la spécificité de notre travail.

5

Nous étions au milieu d'une séance. Catherine rompit le silence pour parler de statues vertes en face d'un temple. J'abandonnai ma rêverie pour l'écouter. Elle revivait une existence, quelque part en Asie, alors que je demeurais avec les Maîtres. Incroyable, pensai-je. Elle me parle de ses vies passées, de la réincarnation, et pourtant, quelle déception à côté des messages délivrés par les Maîtres. J'avais compris qu'il lui fallait revivre une existence avant de quitter son corps et d'atteindre l'état intermédiaire. Elle ne pouvait atteindre ce stade directement. Et c'était seulement à ce moment-là qu'elle entrait en contact avec les Maîtres.

— Il y a des statues vertes en face d'un grand temple, chuchota-t-elle. C'est un bâtiment pourvu de flèches et de boules de pierre brune. Il y a un escalier qui compte dix-sept marches et, tout en haut, un vestibule.

L'encens y brûle. Tout ceux qui y pénètrent ont les pieds nus et la tête rasée. Ils ont des yeux sombres et des visages ronds. Leur teint est foncé. Je suis parmi eux. Je me suis blessée au pied. Il est enflé et je ne peux plus marcher. Quelque chose est entré dans ma chair. On met des feuilles sur ma peau... des feuilles de forme étrange... Du *tannin* ? (le tannin se trouve naturellement dans les racines, le bois, l'écorce, les feuilles et les fruits d'un grand nombre de plantes. Il est utilisé depuis l'Antiquité comme médicament à cause de ses propriétés styptiques et astringentes.) On l'a d'abord nettoyé puis on a accompli un rituel pour les dieux. J'ai mis le pied sur quelque chose de nocif. Mon genou est enflé. Ma jambe est lourde et marbrée. (Était-ce un empoisonnement du sang ?) On fait un trou dans mon pied et on y verse un liquide brûlant.

Catherine se tordait de douleur et s'étranglait à demi en avalant une potion terriblement amère faite de feuilles jaunes. Elle guérit mais les os de son pied et de sa jambe ne se remirent jamais complètement. Je la priai d'avancer quelques années plus tard. Elle avait toujours la même vie pénible et miséreuse. Elle vivait avec sa famille dans une seule pièce où il n'y avait même pas de table. Le riz était leur seule nourriture et ils avaient toujours faim. Elle vieillit rapidement, toujours aussi pauvre et affamée, et mourut. J'attendis la suite mais m'avisai qu'elle était épuisée. Avant son réveil, elle m'annonça que Robert Jarrod avait besoin de mon aide. Comme je ne connaissais aucun Robert Jarrod et que j'ignorais comment l'aider, les choses en restèrent là.

En sortant de son sommeil hypnotique, Catherine se rappelait de nombreux détails de ses incarnations passées. En revanche, elle ne se souvenait d'aucune expérience post-mortem, ni des Maîtres, ni des incroyables révélations qu'elle me transmettait. Je lui posai alors une question.

— Catherine, qu'est-ce que le nom de « Maître » évoque pour vous ?

— Un tournoi de golf, me répondit-elle.

Son état continuait à s'améliorer mais elle avait du mal à intégrer le concept de réincarnation dans sa théologie personnelle. Je décidai donc de ne pas lui parler des « Maîtres ». L'heure n'était pas encore venue. En outre, j'ignorais comment annoncer à ma patiente qu'elle avait des dons extraordinaires de médium, et qu'elle pouvait servir d'interprète à des entités spirituelles qui lui transmettaient leurs connaissances transcendantales.

Catherine accepta que mon épouse assiste aux séances qui suivirent. Carole est assistante sociale, dotée d'une sérieuse formation en psychiatrie, et je voulais connaître son opinion sur les événements extraordinaires dont j'étais le témoin. Je lui répétai les propos de Catherine concernant mon père et Adam, notre fils, et elle accepta aussitôt. Je n'avais aucune difficulté à noter tout ce que disait Catherine sur ses existences passées, mais les Maîtres, eux, s'exprimaient beaucoup plus vite. Je résolus donc de tout enregistrer au magnétophone.

Une semaine plus tard, Catherine revint. Ses crises d'angoisse allaient s'affaiblissant. Son état de santé était nettement meilleur mais le motif de sa guérison ne m'apparaissait pas encore clairement. Aronda s'était noyée. Johan avait eu la gorge tranchée. Louisa était morte au cours d'une épidémie provoquée par l'eau, autant d'événements traumatisants dont Catherine se rappelait. Dans ses vies passées, elle avait aussi fait l'expérience de la misère, de la servitude, et de l'humiliation au sein de sa famille. Ce qui pouvait expliquer les mini-traumatismes quotidiens qui avaient blessé sa psyché. Ces souvenirs pouvaient certes aider à sa guérison, mais il existait une autre explication. Ne pouvait-on penser que l'expérience spirituelle, seule, était curative ? Qu'une fois la mort vue sous son véritable aspect, la peur s'éloignait, et avec elle malaises et angoisses ? Que le processus de régression tout entier – et non les seuls souvenirs – faisait partie de la thérapeutique ?

Les pouvoirs de Catherine grandissaient. Elle devenait plus intuitive. Elle avait encore des problèmes avec Stuart mais elle était capable de les maîtriser efficacement. Ses yeux brillaient. Son teint était éclatant. Elle m'annonça qu'elle avait fait un rêve étrange dont elle ne se rappelait qu'une partie : une nageoire de poisson, rouge, était incrustée dans sa main.

Elle entra rapidement en état de sommeil hypnotique et s'endormit profondément au bout de quelques minutes.

— Je vois des falaises, me dit-elle. Je suis debout sur une falaise et je regarde la mer, en bas. Je cherche à distinguer des bateaux... C'est mon travail... Je porte des vêtements bleus, des pantalons bleus, courts, avec des souliers bizarres... noirs à boucles. Ils sont très curieux. Je ne vois aucun bateau à l'horizon.

Catherine parlait à voix basse. Je lui demandai de passer à un événement plus significatif de cette nouvelle incarnation.

— Nous buvons de la bière brune. Très forte. Il fait sombre. Les chopes sont épaisses et vieilles, serties de métal. L'endroit est bondé et ça sent mauvais. Tout le monde parle fort.

Je lui demandai si quelqu'un l'appelait par son nom.

— Oui... Christian... Je m'appelle Christian. (Elle était de nouveau un homme.) Nous sommes en train de manger de la viande et de boire de la bière. La bière est sombre et amère. On l'a salée. (À quelle époque vivait Christian ? Elle n'en savait rien.) Les autres parlent d'une guerre, d'un blocus qui empêche les bateaux de quitter les ports. Je ne sais pas où cela se passe. Je pourrais entendre s'il y avait moins de bruit mais tout le monde parle en même temps.

Où était Christian ?

— À Hamstead... (Il s'agit de l'écriture phonétique.) Un port sur la côte galloise. On parle anglais autour de moi. (Elle était maintenant avec Christian à bord de son bateau.) Je sens une odeur de brûlé... Une odeur effrayante. C'est du bois qui brûle mais il y a autre chose... Ça pique le nez... Un bateau, un bateau à voiles brûle dans le lointain. Nous chargeons nos armes avec de la poudre. (Catherine s'agita, manifestement inquiète.) Cette poudre est très noire et colle aux mains. Il faut agir vite... Le bateau arbore un pavillon vert foncé... Vert et jaune avec une sorte de couronne à trois pointes. (Tout à coup, elle grimaça de douleur.) Oh ! gémit-elle, j'ai mal à la main, j'ai mal à la main. Un morceau de métal brûlant s'est enfoncé dans ma main. Ça me brûle. Oh ! Oh !...

Son rêve me revint et je compris le symbole de la nageoire rouge incrustée dans la main. Je lui ordonnai de ne plus souffrir mais elle continua à gémir.

— Ce sont des morceaux de métal... Le navire à bord duquel je me trouvais a été détruit... mais ils ont réussi à maîtriser l'incendie. Beaucoup d'hommes ont été tués... Beaucoup d'hommes. Moi, j'ai survécu. J'ai été blessé à la main mais ça s'est arrangé avec le temps. (Que voyait-elle quelques années plus tard ?) Une échoppe d'imprimerie avec des presses et de l'encre. On y imprime et on y relie des livres... Ils ont des couvertures de cuir que maintiennent des courroies de cuir. Je vois un livre rouge... C'est un livre d'histoire. Je peux lire le titre. Il n'est pas encore complètement imprimé. Ces livres sont très beaux. Le cuir est si doux au toucher. Et puis ils apprennent beaucoup de choses : c'est merveilleux.

Christian aimait manifestement voir et toucher les livres, dont il appréciait confusément l'utilité. Il devait être à peu près inculte. Je demandai à Catherine de revivre ses derniers jours.

— Je vois un pont sur une rivière. Je suis un vieil homme, un très vieil homme. Marcher m'est difficile. Je veux traverser le pont... Je sens une douleur atroce dans ma poitrine. Oh !...

Catherine émit quelques sons confus. Elle subissait la crise cardiaque qui avait frappé Christian sur le pont. Sa respiration se fit rapide, pressée. Son front et son cou ruisselaient de sueur. Elle se mit à tousser et à suffoquer. J'étais inquiet. Revivre une crise cardiaque était-il dangereux ? Je me tenais à une frontière que personne n'avait encore franchie. Enfin, Christian mourut et Catherine se remit à respirer normalement et profondément. Elle se reposait. Je laissai échapper un soupir de soulagement.

— Je me sens libre... si libre, reprit-elle à voix basse. Je flotte dans l'obscurité... rien de plus. Il y a une lumière quelque part et... d'autres gens, des esprits.

Je lui demandai ce qu'elle pensait de l'existence qu'elle venait de revivre.

— J'aurais dû être plus charitable, dit-elle. Je ne l'étais pas. Je ne pardonnais pas le mal qu'on me faisait. J'aurais dû. J'aurais dû pardonner à ceux qui m'avaient blessé. Je ne l'ai pas fait. J'ai nourri mes rancunes, très longtemps... Je vois des yeux...

— Des yeux ? répétai-je. À qui appartiennent-ils ?

— Aux Maîtres Spirituels, chuchota Catherine. Mais il me faut attendre. Je dois penser à certaines choses. Ils ne sont pas prêts.

Les minutes s'écoulèrent dans un silence tendu.

— Comment saurez-vous quand ils seront prêts ? demandai-je au bout d'un moment.

— Ils m'appelleront, répondit-elle.

Nouvelle attente. Puis elle se mit soudain à rouler la tête de droite et de gauche, et sa voix, rauque et ferme, était méconnaissable.

— Il y a beaucoup d'âmes dans cette dimension. Je ne suis pas la seule. Nous devons patienter. C'est ce que je n'ai jamais pu apprendre, la patience... Il y a de nombreuses dimensions.

Je lui ai demandé si elle était parvenue à ce plan au cours de ses incarnations.

— Je suis parvenue à différents plans à différentes époques. Chaque plan représente un niveau de conscience. Nous allons au plan qui correspond à notre niveau d'évolution.

Elle resta silencieuse quelques secondes. Quelles leçons devait-elle apprendre afin de progresser ? Elle répondit aussitôt à ma question.

— Il faut partager la connaissance. Nous avons tous beaucoup de possibilités que nous n'imaginons pas. Certains découvrent cette vérité beaucoup plus vite que d'autres. Il faut maîtriser nos défauts avant le terme de la vie, sinon nous les emporterons avec nous dans l'incarnation suivante. Nous sommes les seuls à pouvoir nous guérir de nos mauvaises habitudes, sur le plan physique. Les Maîtres ne peuvent pas le faire à notre place. Si nous refusons de nous en débarrasser (ou si nous n'en sommes pas capables) elles nous suivront dans une autre vie. Ce n'est que lorsque nous sommes capables de dominer les problèmes extérieurs qu'ils disparaissent de notre existence.

» Nous devons aussi nous efforcer d'aller vers ceux qui ont des vibrations différentes des nôtres. Il est normal d'être attiré par quelqu'un qui a les mêmes vibrations que soi, mais ce n'est pas une bonne conduite. Nous devons, au contraire, aller vers les gens dont les vibrations sont opposées aux nôtres... Il est important de les aider.

» Nous devons suivre notre intuition et non pas essayer de la combattre. Ceux qui lui résistent se mettent dans des situations dangereuses. Lorsque nous quittons un plan pour revenir sur la terre, nous n'avons pas tous les mêmes pouvoirs. Certains sont plus favorisés que d'autres. Tous les hommes ne naissent pas égaux mais ils finiront par le devenir.

Catherine s'interrompit. Je savais que ces réflexions n'émanaient pas d'elle. Elle n'avait aucune formation de physicienne ou de métaphysicienne. Elle ne connaissait rien des plans, des dimensions et autres vibrations. Mieux : la beauté de ces pensées et leurs implications philosophiques étaient hors de sa portée. Elle n'avait jamais parlé de cette façon, à la fois concise et poétique. Derrière sa voix, je devinais la présence d'une volonté supérieure qui s'efforçait de rendre son message compréhensible. Non, ce n'était pas Catherine qui parlait.

Sa voix se fit rêveuse.

— Les gens qui sont dans le coma sont, en fait, dans un état de transition. Ils ne sont pas encore prêts à passer sur un autre plan... Ils n'ont pas encore pris de décision. S'ils sentent qu'ils n'ont plus rien à apprendre dans la vie matérielle, ils sont alors autorisés à changer de plan. Mais dans le cas contraire, ils doivent revenir sur terre, même s'ils ne le désirent pas. Cette période de transition leur permet de se reposer.

Ainsi, ceux qui sont plongés dans le coma peuvent choisir de revenir ou non sur la terre. Tout dépend des connaissances qu'ils y ont déjà acquises. S'ils se croient assez évolués, ils peuvent accéder directement au plan spirituel, quels que soient les efforts de la médecine. Ce renseignement concordait avec les conclusions de l'enquête menée auprès des individus qui avaient survécu au coma. D'autres, en revanche, n'avaient pas le choix. Il leur fallait retourner sur terre parce qu'ils avaient encore beaucoup à apprendre. Évidemment, c'était le cas de la plupart des sujets de l'enquête. Tous les témoignages présentaient des points communs : le sujet se détachait de son corps et contemplait les efforts de l'équipe médicale pour le « ressusciter ». Il prenait conscience d'une vive lumière ou de la présence lumineuse d'un « esprit » qui l'attendait, parfois à l'autre extrémité d'un tunnel. Il ne souffrait pas. Dès qu'il avait compris que sa tâche sur terre n'était pas terminée et qu'il devait « reprendre » son corps, il se retrouvait aussitôt dans son enveloppe physique, avec toutes les sensations que cela entraînait.

Plusieurs de mes malades avaient failli mourir et m'avaient raconté ce type d'expérience. Le récit le plus intéressant m'a été fait par un riche homme d'affaires sud-américain que j'ai suivi en psychothérapie, deux ans après Catherine. Jacob avait été renversé par une moto en Hollande, en 1975, alors qu'il était âgé de trente ans. Il se rappelait avoir flotté au-dessus de son corps et contemplé ce qui se passait sur le lieu de l'accident : l'arrivée de l'ambulance, l'intervention des médecins et la foule des badauds. Une vive lumière brillait au loin. Il s'en était approché et avait vu un moine en robe brune. Ce moine lui avait dit que le moment de mourir n'était pas venu pour lui et qu'il devait réintégrer son corps. Ce moine, dont émanait une grande puissance spirituelle, lui avait annoncé plusieurs événements de sa vie future et toutes ses prédictions s'étaient réalisées. Jacob avait regagné son corps étendu sur un lit d'hôpital. Il avait repris conscience, pour se mettre à souffrir atrocement.

En 1980, durant un voyage en Israël, Jacob, qui était juif, visitait les tombeaux des Patriarches à Hébron, ville sainte aussi bien pour les juifs que pour les musulmans. Son expérience hollandaise l'avait rendu profondément croyant et il priait assidûment. Il entra dans la mosquée la plus proche pour prier parmi les musulmans. Lorsqu'il se releva, un vieux musulman s'approcha de lui. « Vous êtes différent des autres, lui dit-il. Ils viennent rarement prier parmi nous. » Puis il ajouta, après un instant de silence, en observant Jacob : « Vous avez rencontré le moine. N'oubliez pas ce qu'il vous a dit. » Cinq ans après l'accident, et à des milliers de kilomètres de la Hollande, un vieillard connaissait la rencontre entre ce moine et un homme d'affaires, Jacob, alors inconscient.

Dans mon bureau, tout en méditant sur les révélations de Catherine, je me demandais ce que penseraient les Pères fondateurs de la proposition selon laquelle tous les hommes ne naissent pas égaux. Les hommes naissent avec les talents, les capacités et les dons qui leur viennent de leurs existences précédentes. « ... Mais ils finiront par le devenir. » Cette égalité exigerait sans doute bien des vies...

Je songeais au jeune Mozart et à ses incroyables dons musicaux. Venaient-ils de ses précédentes incarnations ? Il semble que nous héritons, d'une vie à l'autre, des dons comme des dettes.

Je songeais aussi à cette tendance qu'ont les hommes de former des groupes homogènes qui craignent et évitent les étrangers, tendance qui provoque haine et préjugés. « Nous devons nous efforcer d'aller vers ceux dont les vibrations sont différentes des nôtres », avait dit Catherine. « Il est important de les aider. » Quelle vérité spirituelle renfermaient ces paroles...

— Je dois revenir, reprit Catherine. Je dois revenir.

Comme je voulais en savoir davantage, je lui demandai qui était ce Robert Jarrod dont elle avait mentionné le nom au cours de la dernière séance, en ajoutant qu'il avait besoin de mon aide.

— Je ne sais pas... Il est peut-être sur un autre plan. (Manifestement, elle ne le trouvait pas.) Lorsqu'il le désirera, il viendra vers moi, chuchota-t-elle. Il vous donnera un message car il a besoin de votre aide.

Je ne voyais pas très bien comment je pourrais l'aider.

— Je ne sais pas, avoua Catherine. C'est vous qui êtes le destinataire du message, pas moi.

C'était un point intéressant. Devrais-je aider Robert Jarrod ? Ou était-ce lui qui m'enseignerait une nouvelle leçon ? Quoi qu'il en soit, je n'en entendis plus jamais parler.

— Je dois revenir, répétait Catherine. Mais je dois d'abord approcher la lumière. (Brusquement, la peur la saisit.) Oh ! j'ai hésité trop longtemps... À cause de cela, je vais devoir attendre encore.

Pendant cette période d'attente je lui demandai ce qu'elle voyait autour d'elle.

— D'autres esprits, d'autres âmes. Ils attendent aussi.

Avait-elle pour mission de nous enseigner quelque chose ?

— Ils ne sont pas là pour ça, répondit-elle.

Ainsi, en dehors de la présence des Maîtres, Catherine ne pouvait transmettre aucune connaissance. C'était fascinant.

— Je me sens très nerveuse. Je veux m'en aller... Je m'en irai dès que je pourrai.

Les minutes s'écoulèrent, puis elle put enfin s'en aller. Elle vivait une nouvelle existence.

— Il y a des pommiers... et une maison blanche. C'est là que je vis. Les pommes sont pourries... elles sont pleines de vers, et pas bonnes à manger. Il y a une balançoire sous l'arbre.

Quelle apparence avait-elle ?

— Je suis blonde et j'ai cinq ans. Je m'appelle Catherine.

J'étais étonné. Elle était parvenue à son incarnation présente. Elle se retrouvait à cinq ans. Il devait y avoir une raison à cela.

— Vous est-il arrivé quelque chose ici, Catherine ?

— Mon père est en colère contre nous... nous ne devons pas être dehors. Il... me frappe avec une canne. Elle est très lourde. J'ai mal et j'ai peur. (Elle pleurnichait en parlant, comme le ferait un enfant.) Il veut nous faire mal. Il ne s'arrêtera pas avant. Pourquoi agit-il ainsi ? Pourquoi est-il si méchant ?

Je lui demandai de prendre une certaine distance et de répondre aux questions qu'elle se posait à ce sujet. J'avais lu récemment que certaines personnes en étaient capables, grâce à ce que certains auteurs appelaient le Grand Soi ou le Maître Intérieur. J'étais curieux de savoir si Catherine pouvait atteindre ce stade... s'il existait. Si oui, quelle merveilleuse technique thérapeutique ce serait, un véritable raccourci sur le chemin de la connaissance.

— Il ne nous a jamais désirés, chuchota-t-elle avec douceur. Pour lui nous sommes des intrus... Il ne veut pas de nous.

— Vous parlez aussi de votre frère ?

— Oui. Surtout de mon frère. Mes parents n'ont jamais voulu l'avoir. Ils n'étaient pas mariés lorsqu'il... fut conçu.

C'était une nouvelle inattendue pour Catherine qui n'avait jamais su que sa mère avait été enceinte avant son mariage. Elle devait d'ailleurs lui confirmer la véracité de ce renseignement.

Tout en revivant le début de son existence, Catherine montrait une sagesse et une hauteur de vues qui étaient auparavant réservées aux états post-mortem. Une sorte de supra-conscience, l'élément le plus évolué de son être s'exprimait par sa bouche. Il s'agissait peut-être de ce Soi Supérieur dont parlaient certains auteurs. Bien que n'étant pas en contact avec les Maîtres et leurs connaissances illimitées, elle avait accès, dans cet état de supra-conscience, à des informations secrètes comme celles touchant à la naissance de son frère. À l'état de veille, la Catherine normale était beaucoup plus simple, plus superficielle, dotée d'un caractère plutôt inquiet et d'une intelligence plus limitée. Elle ne pouvait utiliser ses ressources supra-conscientes. Je me demandai si les sages et les prophètes, qu'ils soient d'Occident ou d'Orient, ceux dont on dit qu'ils sont « réalisés », ne puisaient pas leur science à la même source. Dans l'affirmative, pourquoi ne les égalerions-nous pas ? N'avons-nous pas, tous, une supra-conscience ? Le psychanalyste Carl Jung reconnaissait l'existence de différents niveaux de conscience, et évoquait « l'inconscient collectif », état qui présentait des points communs avec la supra-conscience de Catherine.

Cette distance infranchissable entre l'intelligence consciente de Catherine à l'état normal et l'intelligence supra-consciente qui l'animait sous hypnose me posait un problème de plus en plus aigu. Tandis qu'elle était endormie, j'avais avec elle de passionnants entretiens sur la philosophie ou la métaphysique. Dans la vie de tous les jours, elle vivait de façon très terre à terre, sans jamais révéler le génie qui sommeillait en elle.

Mais revenons à cette séance. Son père la tourmentait et les raisons de ce harcèlement ne tardèrent pas à se faire jour.

— Il a de nombreuses leçons à apprendre, n'est-ce pas ? suggérai-je.

— Oui. Et il les apprend.

Savait-elle en quoi consistait cette leçon ?

— Ce genre de connaissance ne m'est pas accessible, me répondit-elle d'un ton lointain et détaché. On ne me révèle que ce qui m'est nécessaire. Chacun s'occupe uniquement de sa propre évolution... de devenir un être humain dans toute la plénitude de ce terme. Nous avons tous beaucoup à apprendre. Chaque leçon doit être assimilée en son temps, selon un certain ordre. Après seulement, nous apprenons ce dont l'autre a besoin pour sa propre évolution.

Sa voix basse et douce exprimait un détachement mêlé de tendresse. Quand elle prit la parole de nouveau, ce fut avec une voix d'enfant.

— Il me rend malade. Il veut me faire manger quelque chose que je ne veux pas manger. C'est un mélange de salade et d'oignons que je déteste. Il veut que je le mange parce qu'il sait que je serai malade. Il s'en moque.

Catherine se mit à étouffer. Elle cherchait désespérément l'air. Je lui suggérai de nouveau de prendre de la hauteur afin de comprendre pourquoi son père agissait ainsi.

— Il doit combler un vide en lui, expliqua-t-elle en chuchotant d'une voix âpre. Il me déteste à cause de ce qu'il m'a fait. Il me déteste, et il se déteste en même temps.

J'avais presque oublié les attouchements sexuels qu'elle avait subis à l'âge de trois ans.

— Il a besoin de me punir… J'ai dû faire quelque chose pour qu'il agisse ainsi.

Elle avait trois ans seulement et son père était ivre. Pourtant, au plus profond d'elle-même, elle portait ce sentiment de culpabilité depuis toujours. Je lui expliquai l'évidence.

— Vous n'étiez qu'un bébé. Débarrassez-vous de cette sensation de culpabilité. Vous n'avez rien fait. Que peut faire un enfant de trois ans ? Vous n'êtes pas responsable. C'est votre père qui l'était.

— Il a dû me haïr alors, commenta-t-elle avec douceur. Nous nous sommes rencontrés dans une autre vie mais je ne peux pas en savoir plus maintenant. Je dois revenir à mon enfance.

Plusieurs heures s'étaient écoulées mais comme je voulais revenir à cette relation père-fille je lui donnai des instructions détaillées.

— Vous êtes dans un profond sommeil. Bientôt je vais compter à rebours de trois à un. Vous n'aurez plus peur et vous dormirez encore plus profondément. Votre esprit sera libre de revenir à l'époque de votre enfance qui a le plus marqué votre vie, à l'époque où s'est nouée la relation avec votre père. Quand je dirai « un » vous reviendrez à cette période et vous vous en souviendrez. C'est important pour votre guérison. Trois... Deux... Un...

Il se fit un long silence.

— Je ne vois pas mon père... mais je vois des gens que l'on massacre.

Sa voix se fit plus rauque et plus sonore.

— Vous n'avez pas le droit d'interrompre le cours d'une vie avant que le karma ne soit vécu jusqu'au bout. Vous tuez ces gens et vous n'en avez pas le droit. Laissez-les vivre, au contraire, et ils auront un prix très lourd à payer. Ils iront sur un autre plan où ils souffriront. Ils ne connaîtront pas la paix, mais l'inquiétude et la souffrance. Il leur faudra revenir sur terre et leur vie sera très dure. Ils devront payer leurs mauvaises actions auprès de ceux qu'ils ont fait souffrir. Vous n'avez aucun droit de tuer, d'interrompre le déroulement d'une vie. Dieu seul peut punir. Pas nous. Ces gens seront punis.

Elle s'interrompit quelques secondes.

— Ils sont partis, chuchota-t-elle. Les Maîtres nous ont délivré un message aujourd'hui. Avec clarté et autorité. Nous ne devons pas tuer, quelles que soient les circonstances. Seul Dieu peut punir.

Catherine étant épuisée, je décidai de remettre à une prochaine séance le début de ses relations avec son père, et la tirai de son sommeil hypnotique. Elle ne se souvenait de rien, sinon de l'incarnation de Christian et des débuts de la jeune Catherine. Elle était fatiguée mais paisible et détendue, comme si on venait de lui ôter un grand poids. Je croisai le regard de Carole. Nous étions exténués, nous aussi. Suspendus à chacune des paroles de Catherine, nous avions sué et frissonné de concert. Nous venions de partager une incroyable aventure.

6

Mes séances hebdomadaires avec Catherine duraient maintenant plusieurs heures. Je les programmais donc en fin de journée. Elle avait gardé son expression paisible de la semaine précédente. Elle avait téléphoné à son père : sans lui donner aucun détail, elle lui avait pardonné à sa façon. Je ne l'avais jamais vue aussi sereine. La rapidité de ses progrès m'émerveillait. Il est rare qu'un malade souffrant d'angoisses chroniques aussi persistantes voie son état s'améliorer de manière aussi spectaculaire. Bien sûr, Catherine n'était pas une malade ordinaire et la thérapeutique qu'elle suivait était certainement unique en son genre.

— Une poupée de porcelaine est posée sur le linteau de la cheminée, dit-elle après s'être rapidement plongée dans le sommeil hypnotique. Il y a des livres de chaque côté de l'âtre, dans le salon, et des bougies à côté de la poupée, avec un tableau qui est le portrait d'un homme. C'est lui... (Elle parcourut la pièce du regard. Qu'y voyait-elle encore ?) Un tapis sur le sol, une fourrure... oui, la peau d'un animal. À droite, il y a deux grandes portes vitrées, qui s'ouvrent sur une véranda, et des piliers devant la maison, avec un escalier de quatre marches qui mène à une allée. Je vois des figuiers tout autour... Quelques chevaux, attachés à des bornes cavalières devant la façade.

— Savez-vous où vous êtes ? demandai-je.

Catherine prit une profonde inspiration.

— J'ignore où je suis mais je pense qu'il s'agit du XVIIIᵉ siècle... Il y a des arbres et de très jolies fleurs jaunes. (Ces fleurs retinrent son attention.) Elles sentent si bon, ces grosses fleurs. Elles sont jaunes avec un cœur noir.

Pendant qu'elle demeurait à contempler les fleurs, je songeai aux champs de tournesol du sud de la France. Je lui posai des questions sur le climat.

— Il fait bon, dit-elle. Il y a peu de vent. Il ne fait ni froid ni chaud.

Nous ne parvenions pas à identifier le lieu. Je l'arrachai aux merveilleuses fleurs jaunes et la ramenai à l'intérieur de la maison. Connaissait-elle l'original du portrait ?

— Je crois que son nom est Aaron... (Était-il le propriétaire de cette demeure ?) Non. C'est son fils. J'y travaille.

Une fois de plus, elle était domestique. Elle n'avait jamais, fût-ce de loin, approché Napoléon ou Cléopâtre. Les sceptiques qui ont reçu une formation scientifique – et je me comptais parmi eux deux mois plus tôt – ironisent souvent sur les identités célèbres revendiquées par les « réincarnés ». Or, voici qu'un singulier hasard me donnait, dans mon bureau du service de psychiatrie, la preuve scientifique de cette théorie, et m'apportait en outre d'étonnantes révélations.

— Ma jambe... poursuivit Catherine, est très lourde. Elle me fait mal. J'ai l'impression qu'elle ne fait plus partie de mon corps. Elle me fait mal. C'est un cheval qui m'a blessée.

Je lui demandai de se décrire.

— J'ai des cheveux bruns et bouclés. Je porte une espèce de bonnet blanc... une robe bleue avec un tablier blanc également. Je suis jeune mais je ne suis plus une enfant. Ma jambe me fait mal. Cela vient juste d'arriver. Cela me fait terriblement souffrir. (Elle avait manifestement très mal.) C'est le sabot... Le cheval m'a donné un coup de sabot. C'est un cheval très méchant. (La douleur finit par s'atténuer car sa voix s'adoucit.) Je sens l'odeur du foin, du fourrage dans l'écurie. D'autres domestiques y travaillent. (En quoi consistait sa tâche ?) Je suis bonne à tout faire dans la grande maison. Il m'arrive aussi de traire les vaches. (Je la

questionnai sur les propriétaires du domaine.)
La dame est plutôt dodue, mal fagotée. Elle a
deux filles... Je ne les connais pas, précisa-t-elle
en devançant ma question. (A-t-elle retrouvé,
plus tard, sa famille du XVIIIe siècle ?) Je ne
sais pas. Je ne les vois plus ensuite. Je ne
vois aucun d'eux auprès de moi actuellement.
(Vivait-elle dans cette demeure ?) Je vis sur
le domaine, dans une toute petite maison qui
m'est allouée. J'ai des poules dont je ramasse
les œufs. Ce sont des œufs bruns. Ma petite
maison blanche n'a qu'une seule pièce. Il y a
un homme qui vit avec moi. Il a les cheveux
bouclés et les yeux bleus. (Était-elle mariée ?)
Non, pas au sens légal du mot. (Était-elle née
sur ce domaine ?) Non. On m'y a amenée tout
enfant. Ma famille était très pauvre.

Son compagnon d'alors ne lui paraissait pas
familier. Je lui suggérai de revivre un des événements significatifs de cette existence.

— Je vois quelque chose de blanc, avec de
nombreux rubans. C'est peut-être un chapeau.
Ou un genre de bonnet avec des plumes et des
rubans blancs.

— Qui porte ce chapeau ?

— La maîtresse du domaine, bien sûr, me
répondit-elle d'un ton qui me donna l'impression d'être stupide. Il s'agit du mariage d'une
de ses filles. Toute la maisonnée prend part à
la célébration.

Ces noces avaient-elles été annoncées dans le journal ? Si oui, je m'apprêtai à lui demander de lire la date.

— Non. Je ne crois pas qu'il y avait des journaux. Je ne vois rien de tel à cette époque.

Difficile d'obtenir des précisions.

— Assistez-vous au mariage ?

— Non. Nous regardons simplement les gens aller et venir. Les domestiques ne sont pas admis à la cérémonie.

— Que ressentez-vous ?

— De la haine.

— Pourquoi ? Êtes-vous maltraitée ?

— Nous sommes pauvres et nous dépendons d'eux. Nous sommes si misérables à côté d'eux !

— Avez-vous quitté le domaine ? Ou bien y avez-vous toujours vécu ?

— J'y ai passé toute ma vie, répondit-elle d'une voix mélancolique.

Sa tristesse était visible. Cette existence avait été difficile et sans issue. Je lui suggérai de revivre sa mort.

— Je suis étendue sur un lit dans une maison. On me donne quelque chose de chaud à boire, une tisane qui sent la menthe. J'ai du mal à respirer... ma poitrine et mon dos me font mal. Très mal. J'ai du mal à parler.

Sa respiration s'accéléra. Elle souffrait beaucoup. Quelques minutes s'écoulèrent et son visage se radoucit, son corps se détendit. Son souffle redevint calme.

— Je viens de quitter mon corps, dit-elle d'une voix sonore et rauque. Je vois une merveilleuse lumière. Des gens viennent vers moi. Ils viennent pour m'aider. Ce sont des êtres merveilleux. Ils n'ont pas peur... Je me sens très légère.

Il y eut un long silence.

Que pensait-elle de l'incarnation qu'elle venait d'évoquer ?

— J'y penserai plus tard. Actuellement, je suis en paix. C'est un moment agréable. Il faut apprécier ce repos. L'âme... trouve la paix ici. Toutes les souffrances physiques ont disparu. L'âme est paisible, sereine. C'est une merveilleuse sensation... comme si le soleil brillait pour moi. La lumière est si intense. Tout vient de cette lumière. Une grande énergie s'en dégage qui attire l'âme, comme une force magnétique. C'est merveilleux. C'est une source de puissance qui guérit.

— Quelle couleur a-t-elle ?

— Elle en a beaucoup.

Elle s'interrompit pour s'abandonner à la lumière.

Je me risquai à l'interroger sur ses sensations.

— Je ne ressens rien, me dit-elle, qu'une grande paix. Vous êtes parmi mes amis. Ils sont tous là. Je vois beaucoup de gens. Certains me sont familiers. D'autres pas. Mais ils attendent tous.

Les minutes passèrent : elle continuait d'attendre. Je décidai de précipiter les choses.

— J'ai une question à poser.

— À qui ?

— Peu importe. À vous ou aux Maîtres. Comprendre nous serait d'une grande aide. Voici ma question : choisissons-nous les circonstances et l'époque de notre naissance et de notre mort ? La position que nous occupons dans la vie ? Le moment de notre retour sur terre ? Si vous pouviez répondre à ces questions je crois que beaucoup de vos craintes disparaîtraient dans votre vie actuelle. Quelqu'un peut-il répondre à cette question ?

La température fraîchit dans la pièce. Lorsque Catherine reprit la parole, ce fut avec une voix profonde et sonore que je n'avais jamais entendue. C'était la voix d'un poète.

— Oui. Nous choisissons le moment de reprendre un corps physique et le moment de notre mort. Nous savons quand notre tâche est accomplie sur la terre. Quand il est temps pour nous de la quitter, nous acceptons notre mort car nous savons que cette vie ne nous apportera rien de plus. Durant la période transitoire, lorsque notre âme est au repos et qu'elle récupère son énergie, nous choisissons le moment de retourner au plan physique. Ceux qui hésitent alors, qui ne sont pas certains de vouloir revenir sur terre, peuvent perdre l'occasion d'accomplir leur mission.

Je sus tout de suite que ce n'était pas Catherine qui parlait.

— Qui parle ? demandai-je.

Catherine répondit par un de ses chuchotements habituels.

— Je ne sais pas. La voix de quelqu'un de très... d'un être plein de sagesse, mais je ne sais pas qui il est. Je peux seulement entendre sa voix et essayer de vous la transmettre.

Elle savait pertinemment que ces notions ne provenaient ni de son inconscient ni de son subconscient. Pas même du Soi Supérieur. Elle écoutait et se bornait à me retransmettre les paroles ou les pensées d'un « être plein de sagesse ». Ainsi, un nouveau Maître s'était manifesté, différent des autres, par le ton de ses messages. La voix et le style, très personnels, avaient une qualité poétique et sereine. C'était un Maître qui parlait de la mort sans hésitation, mais dont la voix et les pensées étaient tout imprégnées d'amour. Je sentais la chaleur et la réalité de cet amour à la fois plein de béatitude et de détachement. Cet amour n'était ni étouffant ni dominateur, ni superficiel. Il était proche et pourtant lointain, à la fois détaché et chaleureux.

La voix de Catherine se fit plus sonore.

— Je n'ai aucune foi en ces gens.

— Quelles gens ?

— Les Maîtres.

— Vous ne croyez pas en eux ?

— Non. Je souffre d'un manque de foi. C'est la raison pour laquelle ma vie a été si difficile. Je n'avais aucune foi à cette époque.

Elle jugeait avec calme sa vie au XVIIIe siècle.

Qu'avait-elle appris au cours de cette incarnation ?

— J'ai appris la colère et la rancœur. Ce sont des sentiments que j'ai nourris tout au long de ma vie. J'ai aussi appris que nous n'avions aucun contrôle sur notre existence. Je voulais la contrôler mais je ne le pouvais pas. Il faut avoir foi en ce que nous enseignent les Maîtres. Ils nous guident, mais moi, je n'avais pas foi en eux. J'étais donc perdante au départ. Je n'ai jamais eu une vue optimiste des choses. Il faut avoir la foi... il faut avoir la foi. Et moi, je doute perpétuellement. J'ai choisi de douter au lieu de croire.

Elle s'interrompit.

— Que devrions-nous faire pour nous améliorer ? demandai-je. Nos chemins sont-ils similaires ?

La réponse fut donnée par le Maître qui avait parlé la semaine précédente de l'intuition et du retour à la vie après un coma. La voix, la façon de parler, le ton étaient différents ceux que Catherine et le nouveau Maître venaient d'utiliser.

— Nous avons tous, au départ, le même chemin à parcourir. Nous devons apprendre certaines leçons dans le monde physique. Certains apprennent plus vite que d'autres. La foi, la charité, l'amour, l'espoir... Nous devons acquérir toutes ces vertus et les pratiquer. En tout et partout, car tant de choses dépendent d'elles...

» Ceux qui appartiennent à des ordres religieux les pratiquent plus que d'autres car ils ont fait vœu d'obéissance et de chasteté. Ils donnent beaucoup sans rien demander en échange. Les autres persistent à exiger des récompenses ou à justifier leur sécheresse de cœur quand ils ne trouvent aucun avantage à l'exercice de ces vertus... La récompense est dans l'action elle-même, sans rien espérer en retour... dans l'action totalement dépourvue d'égoïsme. Je n'avais pas assimilé cette leçon.

Le mot « chasteté » me dérouta quelques secondes. Puis je me souvins de sa racine étymologique : « pure », et du fait que la pureté n'était pas limitée à l'abstinence sexuelle.

— Il ne faut pas commettre d'abus, continua-t-elle. Il faut éviter tout ce qui est excessif... Vous comprenez ? Oui. Je sais que vous comprenez.

Il y eut une nouvelle pause.

Je lui dis que j'essayais de comprendre et décidai de lui accorder toute mon attention. Peut-être que les Maîtres étaient toujours là...

— Que puis-je faire pour aider Catherine à surmonter ses craintes, à dominer ses angoisses, à tirer la leçon de son existence actuelle ? demandai-je. L'hypnose est-elle la bonne solution ou dois-je en trouver une autre ? Et laquelle ?

Ce fut le Maître à la voix profonde, le poète, qui me donna la réponse.

— Vous faites ce qu'il faut mais ce message est pour vous, pas pour elle.

— Pour moi ?

Un nouveau message à mon intention.

— Oui. Nous parlons pour vous.

Non seulement il parlait de Catherine à la troisième personne mais il disait « nous ». Plusieurs Maîtres spirituels se trouvaient donc autour d'elle.

— Puis-je savoir qui vous êtes ? demandai-je – et comme le côté mondain de ma question me gênait, j'ajoutai aussitôt :

— J'ai besoin d'un guide. J'ai tant à apprendre.

La réponse fut un poème d'amour. La voix, douce et tendre, évoqua ma vie et ma mort avec le détachement bienveillant d'un esprit universel. J'écoutai dans un silence impressionné.

— Vous aurez un guide en temps voulu. Quand vous aurez accompli votre tâche sur la terre, votre vie prendra fin, pas avant. Vous avez encore beaucoup de temps devant vous... beaucoup de temps.

L'inquiétude en moi le disputa au soulagement. Cette imprécision même m'emplit de joie. Catherine commençait à s'agiter.

— Je suis en train de tomber, chuchotat-elle. Je tombe et j'essaie de trouver ma vie... Je tombe.

Elle soupira. Je fis de même. Les Maîtres étaient partis. Je méditai ces messages étonnants, si personnels, qui émanaient d'une source toute spirituelle. Leurs implications m'écrasaient. Pour quelle raison ces connaissances m'étaient-elles révélées ? La lumière après la mort, la vie dans l'au-delà, le choix que nous faisons de nos renaissances et de nos morts, l'enseignement ferme et infaillible des Maîtres, toutes ces existences qui sont autant de leçons à apprendre et de tâches à accomplir, l'importance de la charité, de la foi, de l'espérance et de l'amour, la nécessité d'agir avec désintéressement... Quel usage devais-je faire de toutes ces notions ?

Cette succession de messages et d'événements dramatiques entraîna des changements profonds dans ma vie personnelle et familiale. Je sentis qu'une métamorphose se produisait en moi. Je me souviens, par exemple, d'avoir été immobilisé avec mon fils dans un formidable embouteillage, alors que nous nous rendions à un match de base-ball disputé par son collège. Les embouteillages m'ont toujours exaspéré et je savais que nous allions manquer les premiers tours de batte. Or, cette fois-là, je demeurai très calme. Je ne rejetai pas la responsabilité du « bouchon » sur l'incompétence d'un conducteur. Les muscles de ma nuque, ceux de mes épaules étaient détendus. Je ne passai pas ma colère sur mon fils, et nous bavardâmes en attendant de pouvoir repartir. J'avais espéré passer l'après-midi avec Jordan à regarder un jeu que nous aimions tous deux, mais le but véritable de cette sortie était d'être ensemble. Si je m'étais mis en colère, si j'avais donné libre cours à ma mauvaise humeur, notre après-midi aurait été gâché.

Je commençai à me poser des questions au sujet de ma femme et de mes enfants. Avions-nous déjà vécu ensemble ? Avions-nous choisi de partager les épreuves, les drames et les joies de la vie ? Étions-nous sans âge ? J'avais beaucoup d'amour et de tendresse pour eux. Je me rendis compte que leurs défauts et leurs imperfections étaient insignifiants. Ils n'avaient pas vraiment d'importance. Seul, l'amour comptait.

Je fermai même les yeux sur mes propres faiblesses. Je ne voyais plus la nécessité de la perfection. Pourquoi devrais-je toujours contrôler ma vie ? Après tout, je n'avais personne à impressionner.

J'étais heureux de pouvoir partager cette expérience avec Carole. Nous discutions souvent, après dîner, des sentiments et des réactions que les propos de Catherine éveillaient en moi. Carole possède un esprit analytique et réaliste. Elle savait que je désirais mener cette expérience avec la précision et la rigueur d'un scientifique, et elle se faisait l'avocat du diable pour m'obliger à garder toute mon objectivité.

Plus nous obtenions de preuves de l'authenticité des messages délivrés par Catherine, plus mon épouse partageait mes joies et mes inquiétudes.

7

Lorsque Catherine entra dans mon bureau, la semaine suivante, j'étais prêt à lui faire écouter l'enregistrement de la séance précédente, cet incroyable dialogue où une poésie céleste se mêlait aux évocations réincarnationnistes. Je lui annonçai qu'elle m'avait raconté ses expériences d'au-delà de la mort bien qu'elle n'eût gardé aucun souvenir de cet état intermédiaire. Elle accepta à contrecœur. Comme son état s'était grandement amélioré et qu'elle se trouvait beaucoup plus heureuse qu'auparavant, elle n'avait nul besoin de ces témoignages. Elle trouvait en outre que tout cela « lui donnait le frisson ». Elle écouta donc l'enregistrement et le trouva si exaltant et si beau qu'elle en fut touchée. Après avoir prêté l'oreille quelques minutes à sa propre voix chuchotante, elle me demanda de l'interrompre. C'était inquiétant, me dit-elle. J'avais voulu partager mon émotion avec elle mais je me souvins de l'injonction du Maître : « Le message est pour vous, pas pour elle. »

Je me demandai combien de temps ces séances allaient durer car Catherine allait de mieux en mieux chaque jour. Seules quelques vaguelettes agitaient encore l'eau jadis si tumultueuse de son âme. Elle souffrait encore de claustrophobie et ses relations avec Stuart étaient toujours orageuses, mais elle progressait de façon remarquable.

Nous n'avions pas eu de véritable séance de psychothérapie depuis des mois. Ce n'était plus nécessaire. Après avoir évoqué les événements marquants de la semaine, je la plongeai rapidement dans le sommeil hypnotique. Était-ce grâce aux souvenirs de ses traumatismes plus ou moins profonds ? Était-ce grâce aux existences qu'elle revivait ? Mystère. Quoi qu'il en soit, Catherine était virtuellement guérie. Ses crises de panique et ses phobies avaient quasiment disparu. Elle n'avait plus peur de la mort. Elle ne se sentait plus impuissante devant la vie. Pour soigner ce genre de troubles, les psychiatres utilisent actuellement de fortes doses de tranquillisants et d'antidépresseurs, et imposent à leurs patients des séances de psychothérapie, individuelle ou de groupe. Beaucoup de confrères sont convaincus qu'il existe une cause biologique aux symptômes, autrement dit que l'équipement chimique du cerveau de ces sujets est déficient.

Tout en amenant Catherine à un sommeil profond, je songeais à quel point sa guérison, sans médicament ni thérapie traditionnelle, était remarquable, voire merveilleuse. Il ne s'agissait pas seulement de la disparition de symptômes ou de l'acceptation stoïque d'une vie ravagée par la souffrance. Non, c'était une véritable guérison. Catherine était d'une sérénité radieuse et sa joie de vivre dépassait mes rêves les plus fous.

— Je suis dans un bâtiment dont le plafond est en forme de dôme, commença-t-elle à voix basse. Il est bleu et or. Je ne suis pas seule. Les autres personnes portent le même type de tunique, très vieille et très sale. Je ne sais pas comment je suis arrivée là. La pièce est bondée. Je vois aussi des statues sur des socles de pierre. Une grande statue dorée se dresse à un bout de la pièce. On dirait... un dieu malveillant. Immense. Avec des ailes. Il fait une chaleur étouffante. Il n'y a pas d'ouverture. Nous devons rester à l'écart du village. Nous sommes rejetés...

— Êtes-vous malade ?

— Oui. Nous le sommes tous. Je ne sais pas ce que nous avons mais notre peau se dessèche et devient noire. L'air est très sec, vicié. Nous ne pouvons pas revenir au village. Nous devons rester ici. Certains ont le visage déformé.

C'était une terrible maladie, semblait-il. La lèpre ? Si Catherine avait mené une existence de rêve au cours de ses incarnations passées, nous ne l'avions pas encore trouvée.

— Combien de temps devez-vous rester enfermée ici ?

— Toujours, répondit-elle d'un ton lugubre. Jusqu'à la mort. Nous sommes perdus.

— Connaissez-vous le nom de cette maladie ?

— Non. La peau se dessèche et se rétrécit. Je suis là depuis des années. D'autres viennent tout juste d'arriver. Nul ne peut sortir. Nous sommes enfermés là pour mourir.

Quelle existence abominable avait-elle subie dans cette caverne...

— Nous devons trouver nous-mêmes notre nourriture. Nous chassons un animal sauvage qui a des cornes. Je le vois, marron, avec de grandes cornes.

— Quelqu'un vient-il vous voir parfois ?

— Jamais. Personne ne peut nous approcher sous peine de malédiction. Nous avons été maudits... Nous avons fait le mal et c'est notre punition.

D'une incarnation à l'autre, ses conceptions théologiques variaient. Ce n'est que dans l'au-delà, sur un plan spirituel, qu'elle connaissait la paix.

— À quelle période vivez-vous ?

— J'ai perdu toute notion du temps. Nous sommes tous malades et attendons la mort.

— Il n'y a aucun espoir de guérison ?

Son abattement était contagieux.

— Aucun. Nous allons tous périr. Mes mains me font beaucoup souffrir. Je suis très faible physiquement. Je suis âgée et ne bouge qu'avec difficulté.

— Qu'arrive-t-il lorsqu'on ne peut plus bouger ?

— On est transporté dans une autre caverne où on nous abandonne.

— Que font-ils des morts ?

— Ils murent l'entrée de la caverne.

— Est-ce qu'ils la murent avant que tout soit fini ?

Je recherchai l'indice qui puisse expliquer sa claustrophobie.

— Je ne sais pas. Je n'y suis jamais allée. Je vis avec les autres. Il fait très chaud. Je m'appuie contre le mur.

— Quel est l'usage de cette pièce ?

— C'est un temple où l'on vient prier les dieux. Il fait très chaud.

Je lui demandai de sauter plusieurs années.

— Je vois quelque chose de blanc, un dais. Ils sont en train d'emmener quelqu'un.

— Est-ce vous ?

— Je n'en sais rien. La mort sera la bienvenue. Je souffre tant.

La douleur crispait les lèvres de Catherine qui haletait. Je lui demandai de revivre sa mort. Elle cherchait toujours son souffle.

— Vous avez du mal à respirer ?

— Oui. Il fait si chaud ici... si noir, et je ne peux plus bouger.

Seule et paralysée, elle agonisait dans une caverne sombre et suffocante où elle avait été emmurée. Elle avait peur et elle était malheureuse. Son souffle s'accéléra et elle finit par mourir et quitter enfin cette vie atroce.

— Je me sens légère... Je flotte dans les airs. La lumière brille. C'est merveilleux.

— Souffrez-vous encore ?

— Non. Pas du tout.

Elle s'interrompit. J'attendis la venue des Maîtres mais ils ne se manifestèrent pas, et elle fut emportée tout à coup.

— Je tombe très vite. Je reviens dans un corps physique. (Elle semblait aussi étonnée que moi du processus.) Je vois des bâtiments avec des colonnes rondes. Ils sont nombreux. Je suis parmi les oliviers. Le paysage est très beau. Nous contemplons la fête. Les gens portent des masques comiques. Ils sont vêtus de longues tuniques et sont masqués. Ils font semblant d'être ce qu'ils ne sont pas. Ils vont et viennent sur une scène. Nous sommes assis sur des gradins, au-dessus d'eux.

— Regardez-vous une pièce de théâtre ?

— Oui.

— Comment êtes-vous ? Décrivez-moi votre apparence.

— J'ai des cheveux bruns tressés.

Elle fit une pause. Cette description et la présence d'oliviers me rappelaient son incarnation grecque, en 1500 avant J.-C., lorsque j'étais moi-même Diogène, son professeur. Je décidai de continuer mon enquête.

— À quelle époque vivez-vous ?

— Je ne sais pas.

— Y a-t-il autour de vous des gens que vous connaissez ?

— Oui. Mon mari est assis à mes côtés. Je ne le connais pas. (C'est-à-dire qu'il n'apparaissait pas dans son existence actuelle.)

— Avez-vous des enfants ?

— Je suis grosse.

Le choix du terme était intéressant. C'était une façon désuète de s'exprimer, différente du style habituel de Catherine.

— Votre père est-il présent ?

— Je ne le vois pas. Vous n'êtes pas loin… mais vous n'êtes pas avec moi.

J'avais vu juste. Nous étions revenus trente-cinq siècles en arrière.

— Qu'est-ce que je fais ?

— Vous regardez autour de vous. Vous enseignez… Vous nous parlez du carré, du cercle, de choses étranges. Oui, vous êtes bien là, Diogène.

— Que savez-vous de moi ?

— Vous êtes âgé. Nous sommes parents... vous êtes le frère de ma mère.

— Connaissez-vous d'autres membres de la famille ?

— Votre femme et vos enfants. Vous avez des fils. Deux d'entre eux sont plus âgés que moi. Ma mère est morte très jeune.

— C'est votre père qui vous a élevée ?

— Oui, mais je suis mariée maintenant.

— Et vous attendez un enfant ?

— Oui. J'ai peur. Je ne veux pas mourir quand le bébé naîtra.

— C'est ce qui est arrivé à votre mère ?

— Oui.

— Et vous craignez qu'il ne vous arrive la même chose ?

— Oui. C'est fréquent.

— Est-ce votre premier enfant ?

— Oui. J'ai peur. C'est pour bientôt. Je me sens très lourde. J'ai des difficultés à me mouvoir... Il fait froid.

Elle revécut bientôt la naissance. Catherine n'avait jamais eu d'enfant, et après quatorze ans, mes souvenirs d'obstétrique étaient lointains.

— Où êtes-vous ? demandai-je.

— Je suis couchée sur une pierre. Elle est glacée. Je souffre... Il faut que quelqu'un vienne à mon aide, il le faut.

Je lui enjoignis de respirer profondément. Je lui dis que le bébé naîtrait facilement. Elle haletait, gémissante. Les douleurs continuèrent pendant quelques minutes puis l'enfant naquit. C'était une petite fille.

— Vous sentez-vous mieux maintenant ?

— Je me sens très faible... que de sang...

— Comment allez-vous l'appeler ?

— Je ne sais pas. Je suis trop fatiguée... Donnez-moi mon bébé.

— Il est là, improvisai-je. C'est une petite fille.

— Oui. Mon mari en sera heureux.

Elle était épuisée. Je lui suggérai de faire un somme, puis je la réveillai.

— Vous sentez-vous mieux maintenant ?

— Oui. Des animaux portent des paniers sur leur dos. Des paniers pleins de nourriture... de fruits rouges...

— Est-ce un beau pays ?

— Oui. Très fertile.

— Savez-vous le nom de ce pays ? Que dites-vous lorsqu'un étranger vous le demande ?

— Cathenia... Cathenia.

— On dirait un village grec.

— Je ne sais pas. Le savez-vous ? Vous êtes parti de ce village, puis vous êtes revenu. Moi, je ne l'ai jamais quitté.

Le récit prenait un tour inattendu. Comme j'étais son oncle, un vieil homme sage, elle me renvoyait mes questions. Malheureusement, je n'avais aucun moyen de me procurer ce genre d'informations.

— Vous avez donc passé toute votre vie dans ce village ?

— Oui. Vous, vous avez voyagé pour connaître ce que vous enseignez. Vous avez voyagé pour apprendre les différentes voies commerciales qui sillonnent le pays... Vous êtes vieux. Vous partez avec des jeunes gens parce que vous savez lire les cartes. Vous êtes sage.

— De quelles cartes parlez-vous ? Des cartes du ciel ?

— Oui. Vous savez lire les symboles. Vous pouvez aider les autres à dresser des cartes.

— Reconnaissez-vous d'autres personnes dans ce village ?

— Je ne reconnais personne, excepté vous.

— Très bien. Quelle relation avons-nous ?

— Excellente. Vous êtes très bon. J'aime m'asseoir près de vous. C'est réconfortant... Vous nous avez aidés. Vous avez aidé mes sœurs...

— Un temps viendra où je devrai vous quitter pourtant, car je suis vieux.

— Non.

Elle n'était pas disposée à envisager ma mort.

— Je vois du pain, chuchota-t-elle. Un pain plat et mince.

— Les gens en mangent-ils ?

— Oui. Mon père, mon mari et moi en mangeons. Et aussi d'autres gens du village.

— À quelle occasion ?

— Une fête...

— Votre père est-il présent ?

— Oui.

— Votre enfant aussi ?

— Non. Je l'ai confiée à ma sœur.

— Observez votre sœur, recommandai-je en espérant qu'elle l'identifierait.

— Je ne la connais pas.

— Et votre père ?

— Lui... oui... C'est Edward. Il y a des figues, beaucoup de figues, des olives et des fruits rouges. Des pains plats. Ils ont tué des moutons qui sont en train de rôtir. (Il y eut un long silence. Des années passèrent.) Je vois un objet blanc... une boîte carrée. On y met les gens lorsqu'ils meurent.

— Quelqu'un est donc mort ?

— Oui. Mon père. Je n'aime pas le regarder. Je ne veux pas le voir mort.

— Êtes-vous obligée de le regarder ?

— Oui. Ils vont l'emporter pour l'enterrer. J'ai beaucoup de peine.

— Je sais. Combien d'enfants avez-vous ?

L'enquêteur que j'étais ne voulait pas qu'elle se laisse aller à son chagrin.

— J'ai trois enfants, deux garçons et une fille.

Après avoir répondu respectueusement à ma question, elle revint à son deuil.

— Ils ont enveloppé son corps dans une couverture…

Elle semblait très affectée.

— Suis-je déjà mort à cette époque ?

— Non. Nous buvons du vin… du jus de raisin dans des coupes.

— Quelle est mon apparence ?

— Vous êtes très, très vieux.

— Vous sentez-vous mieux, maintenant ?

— Non. Quand vous mourrez je serai complètement seule.

— Mais vos enfants sont toujours vivants ? Ils s'occuperont de vous.

— Vous savez tant de choses.

Sa voix était celle d'une petite fille.

— Vous vous débrouillerez. Vous aussi vous savez beaucoup de choses. Tout ira bien.

Je la rassurai et au bout d'un moment, elle se calma.

— Êtes-vous en paix maintenant ? Où êtes-vous ?

— Je ne sais pas.

Elle s'était apparemment transportée sur un plan spirituel, en dépit du fait qu'elle n'avait pas revécu sa mort. Deux incarnations nous avaient été révélées cette semaine. J'attendais les Maîtres mais Catherine continuait de se reposer. Après quelques minutes, je lui demandai si elle pouvait leur parler.

— Je n'ai pas atteint leur plan, m'expliqua-t-elle. Je ne peux pas communiquer avec eux.

Ce plan resta hors d'atteinte, ce jour-là. Après une longue attente, j'éveillai Catherine du sommeil hypnotique.

8

Trois semaines devaient s'écouler avant la séance suivante. Je partis en vacances. Là, étendu sur le sable des tropiques, j'eus assez de loisir et pris assez de recul pour réfléchir à ce qui s'était passé avec Catherine : régression sous hypnose et découverte d'existences antérieures, avec observations et commentaires détaillés sur des circonstances et des faits dont elle n'avait aucune connaissance à l'état de veille ; diminution des troubles dont elle souffrait grâce à cette régression (en dix-huit mois de traitement, la psychothérapie traditionnelle n'avait pas apporté l'ombre d'une amélioration) ; révélations d'une précision confondante sur l'au-delà, d'où elle ramenait des notions spirituelles qui lui étaient totalement inconnues ; et enfin contacts avec les Maîtres Spirituels dont elle rapportait les paroles, les effusions poétiques et les leçons sur l'après-vie, la mort et la renaissance, le tout dans un style dépassant largement ses capacités. En vérité, les sujets de réflexion ne me manquaient pas.

Au cours de mes années de pratique, j'avais soigné des centaines, et peut-être des milliers de malades souffrant de désordres psychiques qui reflétaient toute la gamme des troubles émotionnels courants. J'avais dirigé, dans quatre écoles de médecine, des services pour malades hospitalisés. J'avais passé des années dans des services d'urgence, en consultations ou en soins, à rechercher la nature des troubles ou à les traiter. Je savais tout sur les hallucinations visuelles et auditives et les manifestations de la schizophrénie. J'avais soigné de nombreux malades aux limites de la démence, des hystériques à la personnalité multiple ou souffrant de dédoublement, des alcooliques et des drogués. Mon travail au NIDA – l'Institut national de lutte contre la drogue – m'avait familiarisé avec les effets de la drogue sur le fonctionnement cérébral.

Or, Catherine ne présentait aucun de ces symptômes ou syndromes. Je n'avais pas assisté aux manifestations d'une maladie mentale. Ma patiente n'était pas psychotique, elle ne vivait pas hors de la réalité et n'avait jamais souffert d'hallucinations (c'est-à-dire de perceptions auditives ou visuelles non provoquées par un objet réel) ; elle ne nourrissait pas d'illusions (fausses croyances).

Catherine ne se droguait pas et n'avait rien d'une sociopathe. Sa personnalité n'était pas hystérique et elle ne présentait pas de tendances dissociatives. Autrement dit, elle était le plus souvent consciente de ses pensées et de ses actes, ne fonctionnait pas « en pilote automatique » et n'avait jamais souffert de dédoublement de la personnalité. Le style et le contenu de ses révélations étaient d'un niveau bien supérieur à celui de ses compétences conscientes. Certaines de ces révélations tenaient de la voyance, se rapportaient à des événements particuliers et à des circonstances de mon propre passé (la mort de mon père et celle de mon fils) ou du sien. Dans les deux cas, ces informations n'avaient pu être obtenues par des moyens normaux. Elles étaient souvent contraires à sa culture et à son éducation religieuse.

Catherine était une femme honnête et relativement simple. Ce n'était pas une intellectuelle. Elle n'avait pas pu inventer les détails, les descriptions, les événements historiques et la poésie de son style. J'étais certain, en tant que psychiatre et scientifique, que toutes ces informations provenaient de son inconscient. Il n'y avait aucun doute là-dessus. Même une actrice consommée n'aurait pu faire revivre les faits qu'elle évoquait. Les informations qu'elle transmettait étaient trop précises et trop scientifiques pour être inventées de toutes pièces.

Je me mis à réfléchir à l'utilité thérapeutique que présentait l'exploration de ses existences antérieures. Dès le début, son état s'était rapidement amélioré sans l'aide d'aucun médicament. Il y a, dans ce champ d'action, une force curative extraordinairement puissante qui dépasse de très loin en efficacité la thérapie conventionnelle et moderne. Cette force nous permet de revivre non seulement les événements qui nous ont traumatisés dans un passé plus ou moins lointain, mais encore les agressions quotidiennes dont notre corps, notre âme et notre ego ont souffert. Lorsque je questionnais ma patiente sur l'une ou l'autre de ses existences antérieures, je recherchais les traces douloureuses des blessures physiques ou affectives, de la misère et de la faim, des maladies et des infirmités, des persécutions continuelles, des échecs répétés, etc. Je guettais l'influence de ces tragédies atroces que sont les viols, les massacres, les catastrophes naturelles, bref tous les drames affreux qui laissent des cicatrices indélébiles. La technique était semblable à celle que j'aurais utilisée dans une thérapie traditionnelle pour explorer l'enfance du malade, à cette différence près que le cadre temporel s'étirait sur plusieurs siècles, et non pas seulement sur dix ou quinze ans. Mes questions étaient donc plus directes et plus orientées que dans une thérapie conventionnelle, mais le succès de cette exploration peu orthodoxe était incontestable. Catherine (et tous ceux que je devais soigner plus tard par la régression sous hypnose) guérissait avec une étonnante rapidité.

Mais ne pouvait-on expliquer autrement ces souvenirs de vies antérieures ? Ne pouvaient-ils, par exemple, être transmis par nos gènes ? N'y avait-il pas là une fragile possibilité scientifique ? Non, car la mémoire génétique exige la transmission continue du matériel génétique d'une génération à l'autre, or Catherine avait vécu dans différents pays et sa lignée génétique avait été interrompue à plusieurs reprises. Une fois, elle était morte dans une inondation avec sa petite fille, une autre fois dans sa prime jeunesse et une autre fois encore elle était restée sans enfant. Son potentiel génétique était donc mort avec elle. En outre, elle conservait la mémoire au cours des états de transition, entre la mort et une éventuelle renaissance, alors qu'elle n'avait plus ni corps ni équipement génétique. Non, l'explication génétique ne tenait pas.

Que dire de l'inconscient collectif de Jung, ce réservoir de tous les souvenirs et de toutes les expériences humaines où nous pouvons puiser ? Des cultures différentes utilisent souvent des symboles similaires, même en rêve. Selon

Jung, l'inconscient collectif ne peut s'acquérir individuellement mais il se transmet par « héritage » dans les structures même du cerveau. Il est fait de motifs et d'images qui naissent spontanément dans chaque culture, indépendamment de toute tradition ou transmission historique. À mon avis, les souvenirs de Catherine étaient trop précis pour être expliqués par le concept jungien. Elle n'exprimait pas des symboles ou des images universelles. Elle décrivait de façon détaillée des gens et des endroits particuliers. La théorie de Jung semblait donc trop vague. Et il restait ce fameux problème posé par l'état de transition... Tout compte fait, la réincarnation était l'explication la plus vraisemblable.

Les connaissances transmises par Catherine n'étaient pas seulement détaillées et précises. Elles dépassaient ses capacités conscientes. Catherine savait des choses qu'elle n'avait pas pu lire dans un livre et oublier temporairement, des choses qu'elle n'avait pas pu apprendre dans son enfance et supprimer de sa mémoire consciente. Et que penser des Maîtres et de leurs messages ? Catherine me les communiquait alors qu'elle n'en était manifestement pas l'auteur. Leur sagesse se reflétait dans ses souvenirs d'outre-monde. Ces informations et ces messages étaient authentiques, j'en étais sûr. Des années passées à étudier mes semblables, leur cerveau, leur esprit et leur personnalité me donnaient cette certitude confirmée par mon intuition, bien avant l'épisode où il était question de mon père et de mon fils. Rodée par un long entraînement scientifique, mon intelligence le savait. Et mon âme aussi.

— Je vois des pots qui renferment une espèce d'huile.

Malgré une interruption de trois semaines, Catherine avait sombré rapidement dans le sommeil hypnotique. Elle était à une autre époque, piégée dans un autre corps.

— Il y a plusieurs sortes d'huiles dans ces pots. Je crois qu'il s'agit d'un magasin où l'on stocke des objets. Les pots sont rouges... enfin, ils sont en terre rouge. Un anneau bleu enserre le couvercle. Des hommes s'affairent dans la caverne. Ils transportent les vases et les pots, les empilent les uns sur les autres ou les rangent selon un certain ordre. Ils ont la tête rasée... Leur crâne est complètement chauve. Ils ont la peau brune...

— Êtes-vous parmi eux ?

— Oui... Je scelle certains vases avec de la cire...

— Savez-vous à quoi est utilisée cette huile ?

— Non.

— Regardez-vous. Décrivez votre apparence.

Elle s'interrompit pour s'observer.

— Mes cheveux sont tressés. Je porte une... longue tunique en tissu avec un liseré doré.

— Travaillez-vous pour ces prêtres ou ces hommes qui ont la tête rasée ?

— Oui. Mon travail consiste à sceller ces jarres.

— Mais vous ne connaissez pas leur destination ?

— Je crois qu'elles sont utilisées dans des rituels religieux. Mais je n'en suis pas sûre... Elles contiennent des onguents pour la tête et les mains... Je porte un oiseau, un oiseau d'or autour de mon cou. C'est un bijou plat, avec une queue plate et un bec qui s'incline en direction de mes pieds.

— De vos pieds ?

— Oui. Il doit être porté ainsi. Il y a aussi une substance noire et gluante mais je ne sais pas ce que c'est.

— Où est-elle ?

— Dans un récipient de marbre. On l'utilise, mais je ne sais pas pour quoi.

— Voyez-vous quelque chose dans cette caverne qui puisse nous donner une indication de date et de lieu ?

— Il n'y a rien d'écrit sur les murs. Ils sont nus. Je ne sais pas le nom du pays.

Je lui demandai d'avancer dans le temps.

— Je vois une jarre blanche avec une poignée et des incrustations d'or.

— Que renferme-t-elle ?

— Un genre d'onguent. Il est utilisé dans les rites funéraires.

— Êtes-vous le défunt ?

— Non. C'est quelqu'un que je ne connais pas.

— Préparer le mort fait-il partie de votre travail ?

— Non. Cette tâche revient au prêtre, pas à moi. Nous leur fournissons seulement l'onguent et l'encens...

— Quel âge avez-vous ?

— Environ seize ans.

— Vivez-vous avec vos parents ?

— Oui. Nous habitons une maison de pierre. Pas très spacieuse. Il y fait chaud et sec. Le climat est très chaud.

— Entrez dans cette maison.

— J'y suis.

— Voyez-vous d'autres membres de la famille ?

— Je vois mon frère et ma mère, ainsi qu'un bébé.

— Est-ce le vôtre ?

— Non.

— Quel sens trouvez-vous à cette existence ? Retrouvez ce qui est significatif et permet d'expliquer les troubles dont vous souffrez dans

votre vie actuelle. Il faut que nous compre-
nions ce qui se passe. L'expérience est sans
danger. Cherchez.

— ... Tout vient à temps, chuchota-t-elle
d'une voix très douce... Je vois des gens mourir.

— Des gens mourir ?

— Oui. Ils ne savent pas pourquoi.

— Meurent-ils d'une épidémie ?

Tout à coup, je me rendis compte qu'elle faisait allusion à une autre incarnation, encore
plus ancienne, durant laquelle une épidémie
provoquée par l'eau avait décimé sa famille.
Catherine aussi était tombée malade, mais elle
avait échappé à la mort. Les gens utilisaient l'ail
et d'autres plantes pour prévenir la maladie. Elle
avait été bouleversée par le fait que les rites d'embaumement des morts n'étaient pas respectés.

Cette fois, elle envisageait cette incarnation
sous un point de vue différent.

— Est-ce l'eau qui provoque cette maladie ?
demandai-je.

— C'est ce qu'ils croient tous. Beaucoup en
meurent.

Je connaissais déjà la fin de l'histoire.

— Mais pas vous, n'est-ce pas ?

— Non. J'ai survécu.

— Vous avez seulement été très malade.

— Oui. J'ai très froid... très froid. J'ai soif...
Tout le monde pense que c'est à cause de
l'eau... Quelqu'un meurt.

— Qui ?

— Mon père, et aussi l'un de mes frères. Ma mère guérit. Elle est très faible. Il faut enterrer tous ces gens. Il faut les enterrer selon les rites religieux et nous sommes tous bouleversés.

— En quoi consistent ces rites ?

La cohérence de ses souvenirs m'émerveillait. Elle les égrenait, l'un après l'autre, comme si elle les avait vécus récemment. À nouveau, elle s'émouvait de ce qu'on négligeait les rites funéraires.

— Les corps sont descendus dans des cavernes où ils demeurent. Mais, tout d'abord, ils doivent être préparés par les prêtres, emmaillotés et enduits d'onguent. Ils ont bien été descendus dans des cavernes mais il y a des inondations et... on dit que l'eau est empoisonnée. Il ne faut pas la boire.

— Y a-t-il une façon de purifier l'eau ? Avez-vous trouvé un remède ?

— On nous a donné différentes plantes. Ce sont des herbes odoriférantes... Je sens leur odeur.

— Pouvez-vous l'identifier ?

— La plante est blanche. Elle pend au plafond.

— Est-ce de l'ail ?

— Elle a les mêmes propriétés que l'ail et on en met partout, dans la bouche, dans les oreilles, dans le nez, partout. Elle a une odeur forte. On croit qu'elle empêche les esprits mauvais d'envahir le corps. Je vois un fruit rouge... ou dont la peau est rouge...

— Reconnaissez-vous la culture à laquelle cette société appartient ? Vous semble-t-elle familière ?

— Je ne sais pas.

— Ce fruit rouge et rond, quel est-il ?

— Du *tannis*.

— Il est utilisé contre la maladie ? Il est bénéfique ?

— Il l'était à cette époque.

— Du *tannis*, répétai-je en essayant de déterminer si elle faisait allusion au tannin ou à l'acide tannique. C'est le nom que vous lui donniez ?

— Oui. C'est celui que j'entends.

— Pourquoi revenez-vous sans cesse à cette incarnation ? Que contient-elle de si douloureux ? En quoi influence-t-elle secrètement votre existence présente ?

— La religion, chuchota Catherine. La religion de cette époque était basée sur la peur... la peur. Nous avions tant de choses à craindre... et tant de dieux.

— Vous rappelez-vous les noms de ces dieux ?

— Je vois des yeux. Et un animal noir... on dirait un chacal. C'est une statue. C'est un gardien... Et une femme, une déesse avec une coiffe.

130

— Comment s'appelle-t-elle ?

— Osiris... Sirus... quelque chose dans ce genre. Je vois un œil, rien qu'un œil, au bout d'une chaîne d'or.

— Un œil ?

— Oui... Qui est Hathor ?

— Comment ?

— Hathor. Qui est-ce ?

Je n'avais alors jamais entendu parler d'Hathor mais je savais qu'Osiris – si la prononciation était correcte – était le frère époux d'Isis, une des principales divinités égyptiennes. Hathor était, je l'appris plus tard, la déesse de l'amour, de la joie et du plaisir, pour les Égyptiens.

— Est-ce l'un de vos dieux ? demandai-je.

— Hathor... Hathor... (Il y eut un long silence.) L'oiseau... l'oiseau plat... est un phénix.

Elle se tut.

— Continuez votre voyage dans le temps jusqu'au terme de cette existence. Dites-moi ce que vous voyez avant votre mort.

Elle répondit d'une voix douce et basse.

— Des gens et des bâtiments. Des sandales, encore des sandales, un drap grossier.

— Que se passe-t-il ? Vous êtes en train de mourir. Que vous arrive-t-il ? Vous pouvez le voir.

— Je ne le vois pas... Je ne *me* vois plus.

— Où êtes-vous ? Que voyez-vous ?

— Rien. Seulement les ténèbres. Puis une lumière, une chaude lumière.

Elle était déjà morte. Apparemment, elle n'avait pas eu besoin de revivre sa mort pour parvenir à un plan spirituel.

— Pouvez-vous atteindre cette lumière ?

— C'est ce que je fais.

De nouveau, elle attendait, paisible.

— Pouvez-vous tirer maintenant les leçons de cette existence ? Les comprenez-vous ?

— Non, chuchota-t-elle.

Elle continuait d'attendre, les yeux fermés, comme toujours dans le sommeil hypnotique. Brusquement, elle roula la tête d'un côté et de l'autre tout en paraissant s'éveiller.

— Que voyez-vous maintenant ? Que se passe-t-il ?

Sa voix devint plus forte.

— Je sens que quelqu'un me parle.

— Que vous dit-on ?

— On me parle de la patience. Il faut être patient...

— Continuez.

Ce fut le Maître poète qui répondit.

— Patience et opportunité... tout vient à son heure. Le cours d'une vie ne saurait être précipité. Elle ne peut suivre un plan individuel. Nous devons accepter ce qui nous arrive à un moment donné et nous en contenter. La vie n'a pas de fin. Comme nous ne mourons jamais vraiment, nous ne naissons pas davantage. La vie n'a ni fin ni commencement. Nous passons simplement par différentes étapes. La vie humaine a plus d'une dimension. Le temps n'est pas ce que nous croyons, il est fait des leçons que nous devons assimiler.

Il y eut un long silence puis le Maître poète poursuivit :

— Vous comprendrez tout en temps voulu. Mais il faut vous laisser la possibilité d'assimiler la connaissance que nous venons de vous transmettre.

— J'ai donc encore beaucoup à apprendre ? demandai-je.

— Ils sont partis, répondit doucement Catherine. Je n'entends plus personne.

9

Chaque semaine, Catherine se dépouillait d'une nouvelle couche de peurs névrotiques et d'angoisses. Chaque semaine, elle semblait plus sereine, plus patiente et plus calme. La confiance en soi lui revenait et elle attirait la sympathie. L'intérêt qu'elle portait aux autres la rendait attirante. Sa personnalité profonde s'épanouissait et scintillait aux yeux de tous, comme un diamant.

Ses régressions embrassèrent des millénaires. J'ignorais, à chaque fois que je la plongeais dans le sommeil hypnotique, où allait se tisser la trame de ses réincarnations. Elle avait vécu dans la préhistoire et dans l'Égypte pharaonique, et toutes ses vies avaient été affectueusement analysées par les Maîtres, quelque part, au-delà du temps. Au cours de cette séance, elle retrouva le XXe siècle, mais sous une identité autre que la sienne.

— Je vois le fuselage d'un avion et une piste d'envol, chuchota-t-elle.

— Savez-vous où vous êtes ?

— Non... Je crois que c'est un aérodrome alsacien. Oui. C'est en Alsace.

— En France ?

— Pas forcément. J'ai dit en Alsace... Je vois un nom écrit, von Marks (en phonétique). J'ai une sorte de casque brun et des lunettes protectrices. Les hommes ont été tués. C'est un endroit isolé. Je ne crois pas qu'il y ait de ville aux environs.

— Que voyez-vous ?

— Des maisons détruites. La terre est dévastée par les bombardements. L'aérodrome est bien dissimulé.

— Que faites-vous ?

— J'aide à transporter les blessés.

— Regardez-vous. Décrivez votre apparence. Que portez-vous comme vêtements ?

— Une sorte de blouson. J'ai des cheveux blonds et des yeux bleus. Mon blouson est très sale. Il y a beaucoup de blessés.

— Avez-vous été formé pour soigner les blessés ?

— Non.

— Vivez-vous dans cette région, ou bien y avez-vous été amené ? Où vivez-vous ?

— Je ne sais pas.

— Quel âge avez-vous ?

— Trente-cinq ans.

Catherine en avait vingt-neuf et ses yeux n'étaient pas bleus mais noisette. Je poursuivis mon interrogatoire.

— Y a-t-il un nom marqué sur votre blouson ?

— Il y a des ailes. Je suis pilote.

— Vous pilotez des avions ?

— Oui. Je dois voler.

— Qui vous oblige à voler ?

— C'est mon travail. Je suis dans l'armée.

— Lancez-vous des bombes aussi ?

— L'appareil est équipé d'une mitrailleuse. Il y a un navigateur.

— Quel type d'avion est-ce ?

— Un avion de combat avec quatre hélices et des ailes trapézoïdales.

Cette description m'amusa. À l'état de veille, Catherine, qui ne connaissait rien aux avions, n'aurait jamais pu préciser ces détails, mais sous hypnose elle possédait de vastes connaissances qui allaient du procédé de fabrication du beurre à celui de l'embaumement des morts, et dont une toute petite partie seulement était accessible à sa conscience. Je revins à la charge.

— Avez-vous une famille ?

— Elle n'est pas avec moi.

— Est-elle en sûreté quelque part ?

— Je ne sais pas. J'ai peur. J'ai peur que l'ennemi revienne. Mais amis sont en train de mourir.

— Qui sont vos ennemis ?

— Les Anglais... Les forces armées américaines.

— Vous souvenez-vous de votre famille ?

— M'en souvenir ? Il y a trop de désordre autour de moi.

— Revenons à une période heureuse de cette existence, avant la guerre, lorsque vous viviez avec votre famille. Essayez de les voir. Je sais que c'est difficile mais je vous demande de vous détendre. Essayez de vous en souvenir.

Après un moment de silence Catherine se mit à chuchoter.

— J'entends un nom... Éric. Je vois une petite fille blonde.

— Est-ce votre fille ?

— Je crois... Elle s'appelle Margot.

— Est-elle auprès de vous ?

— Oui. Nous sommes en train de pique-niquer. Il fait très beau.

— En dehors de Margot, y a-t-il quelqu'un d'autre auprès de vous ?

— Une femme aux cheveux bruns assise dans l'herbe.

— Est-ce votre femme ?

— Oui... Je ne la connais pas, ajouta-t-elle avouant ainsi qu'elle ne la reconnaissait pas dans sa vie présente.

— Reconnaissez-vous Margot ? Regardez-la mieux. La connaissez-vous ?

— Je crois mais je n'en suis pas sûre... Elle me rappelle quelqu'un.

— Vous allez trouver. Regardez-la dans les yeux.

— C'est Judy, répondit-elle.

Judy était la meilleure amie de Catherine. Elles avaient sympathisé dès le premier regard, et une profonde amitié était née entre elles. Chacune devinait spontanément les besoins et les pensées de l'autre.

— Judy ? répétai-je.

— Oui. Judy. Elle lui ressemble... Elle a le même sourire.

— Bon, très bien. Êtes-vous heureuse en famille ou y a-t-il des problèmes ?

— Non, aucun problème... Ou plutôt si, reprit-elle après quelques secondes de silence. C'est une époque troublée. Il y a un grave problème au sein du gouvernement allemand. Trop de gens ont des opinions divergentes. Notre unité va en souffrir... Mais je dois me battre pour mon pays.

— Êtes-vous très attaché à votre pays ?

— Je n'aime pas la guerre. À mon avis, nous n'avons pas le droit de tuer, mais j'ai un devoir à accomplir.

— Revenez à l'endroit où vous étiez pendant la guerre, sur cet aérodrome, sous les bombardements. Les avions anglais et américains vous bombardent. Voyez-vous l'avion de nouveau ?

— Oui.

— Avez-vous les mêmes idées sur votre devoir, sur la guerre et sur la mort ?

— Oui. Je pense que nous allons mourir pour rien.

— Comment ?

— Notre sacrifice sera inutile.

— Inutile ? Comment cela ? Ne le faites-vous pas pour défendre votre pays et ceux que vous aimez ? N'est-ce pas glorieux de mourir pour sa patrie ?

— Nous allons mourir pour les idées d'une minorité.

— Vous voulez parler de ceux qui dirigent votre pays ? Ils ont peut-être tort mais...

Elle m'interrompit brusquement.

— Ce ne sont pas des hommes d'État dignes de ce nom. S'ils l'étaient, il y aurait moins de dissensions entre eux.

— Certains pensent qu'ils sont fous. Partagez-vous cette opinion ? Le pouvoir les a-t-il rendus fous ?

— Nous devons tous l'être pour accepter leur domination, accepter de tuer nos semblables... et courir à notre perte...

— Avez-vous des amis encore en vie ?

— Oui. Quelques-uns ont survécu.

— L'un d'eux est-il près de vous ? Fait-il partie de votre équipage ? Votre mitrailleur ou votre navigateur sont-ils encore en vie ?

— Je ne les vois pas mais l'avion n'a pas été abattu.

— Allez-vous voler de nouveau avec cet avion ?

— Oui. Nous devons nous dépêcher de décoller avant qu'ils reviennent bombarder le terrain.

— Montez dans votre avion.

— Je ne veux pas partir.

Elle discutait mes ordres, semblait-il.

— Mais vous devez décoller, vous le savez…

— C'est tellement absurde…

— Quelle profession exerciez-vous avant la guerre ? Vous souvenez-vous de ce que faisait Éric ?

— J'étais copilote sur un petit avion de ligne.

— Vous pilotiez déjà ?

— Oui.

— Vous étiez donc souvent absent de chez vous ?

— Oui.

Le ton trahissait une grande mélancolie.

— Continuez votre voyage dans le temps. Vous êtes en train de voler à nouveau…

— Non. Il n'y a pas eu d'autre vol.

— Que vous est-il arrivé ?

Sa respiration s'accéléra et elle se mit à s'agiter. Elle revivait sa mort.

— Que se passe-t-il ?

— Je fuis l'incendie. Mon appareil est en flammes.

— Avez-vous survécu ?

— Non. Personne n'a pu s'échapper. Personne ne survit à une guerre. Je suis en train de mourir... (Son souffle devenait laborieux.) Du sang, il y a du sang partout... Ma poitrine me fait mal. J'ai été blessé à la jambe, au cou et à la poitrine. J'ai vraiment très mal...

Son agonie était manifestement douloureuse puis sa respiration s'apaisa, les muscles de son visage se détendirent et prirent une expression de grande sérénité. Elle était entrée, je le compris, dans l'état transitoire d'outre-mort.

— C'est fini ? Vous paraissez plus paisible...

Au bout d'un moment, la réponse me parvint, très douce.

— Je m'éloigne de mon corps en flottant. Je n'ai plus de corps. Je suis redevenue un esprit.

— Bien. Reposez-vous. Vous avez vécu une existence difficile. Vous avez subi une mort pénible. Vous avez besoin de repos. Reprenez votre calme. Quelle leçon avez-vous tirée de cette existence ?

— J'ai appris l'inutilité de la haine et des massacres absurdes. Certains haïssent sans savoir pourquoi... C'est le mal qui nous inspire alors dans ce monde physique...

— Existe-t-il un devoir supérieur à celui qui vous incombe vis-à-vis de votre pays ? Qu'est-ce qui aurait pu vous empêcher de tuer malgré les ordres qui vous étaient donnés ? Un devoir envers vous-même ?

— Oui, me répondit-elle sans autre explication.

— Attendez-vous quelque chose maintenant ?

— Oui... J'attends le moment de me renouveler. Je dois attendre. Les Maîtres vont venir...

— Bien. J'aimerais leur parler quand ils se manifesteront.

Nous attendîmes encore quelques minutes. Puis, tout à coup, elle parla d'une voix sonore et rauque qui n'était pas celle du Maître poète. C'était le premier Maître qui s'exprimait.

— Vous avez eu raison de supposer que ce traitement convient à ceux qui vivent sur le plan physique. Il faut extirper la peur de leur esprit. La peur entraîne un gaspillage d'énergie. Elle étouffe les êtres humains et les empêche d'accomplir leur mission sur la terre. Inspirez-vous de ce qui vous entoure. Les patients doivent être d'abord amenés à un niveau de sommeil très profond où ils ne sont plus conscients de leur corps. À ce stade, vous pouvez les atteindre. C'est en surface qu'est le mal mais c'est au plus profond de l'âme, là où naissent les idées, que vous devez les toucher.

» ... Tout est énergie. Il y a tant de gaspillage. La montagne recèle le calme et la tranquillité, mais à l'extérieur c'est le désordre. Les êtres humains ne voient que la surface des choses mais vous devez aller plus loin, regarder dans le cratère du volcan, et pour cela il faut descendre en profondeur.

» ... Vivre sur le plan physique est anormal. C'est le plan spirituel qui nous est naturel. Revenir sur terre, c'est retrouver l'inconnu. Il faut longtemps pour s'y accoutumer. Dans le monde spirituel on attend d'être régénéré. La régénération est une dimension comme les autres, et vous l'avez presque atteinte...

L'information me prit de court. Comment pouvais-je m'approcher du plan de régénération spirituelle ?

— Je l'ai presque atteint ? répétai-je, incrédule.

— Oui. Vous êtes tellement plus avancé que les autres. Vous comprenez tant de choses. Soyez patient avec eux. Ils n'ont pas vos connaissances. Des esprits seront envoyés à votre aide. Mais vos méthodes sont bonnes... continuez. Cette énergie ne doit pas être gaspillée. Vous devez écarter la peur. Ce sera votre meilleure arme...

Le Maître Spirituel se tut. Je méditai son incroyable message. Je savais que je réussissais dans ma thérapie avec Catherine mais on me donnait là une appréciation plus globale. Mieux qu'une confirmation de l'efficacité de l'hypnose en tant qu'outil thérapeutique. Mieux que les régressions sous hypnose que l'on ne pouvait appliquer à tous les malades. Non, ce message concernait surtout la peur de la mort, l'élément bouillonnant à l'intérieur du volcan. Cette peur perpétuelle qui, dissimulée, résistait à tout, à l'argent comme au pouvoir. Cette peur était le nœud de toutes les névroses, mais si les individus savaient que la vie est éternelle, qu'il n'y a véritablement ni naissance ni mort, alors cette peur disparaîtrait. S'ils savaient qu'ils avaient déjà vécu d'innombrables vies et qu'ils s'apprêtaient à en vivre d'autres, alors ils ne trembleraient plus. S'ils savaient que des esprits bienveillants les aideraient à quitter le monde physique et les accueilleraient, après leur mort, dans un monde spirituel où ils retrouveraient ceux qu'ils ont aimés, quelle paix intérieure serait la leur... S'ils savaient que les anges gardiens existaient vraiment, ils auraient moins peur, s'ils étaient convaincus que tout acte de violence et d'injustice serait châtié dans une autre existence, la colère et le désir de vengeance ne les animeraient plus, s'ils croyaient que « la connaissance mène à Dieu », ils ne feraient plus de la richesse et du pouvoir le but de leur vie, car à quoi servirait d'être avide ou ambitieux dans cette perspective ?

Je me demandais comment transmettre ces vérités. Nos semblables vont prier dans les églises, les synagogues, les mosquées ou les temples, pour affirmer l'immortalité de l'âme, mais une fois les dévotions terminées, ils retombent dans l'ornière de la rivalité et se livrent à l'intrigue, s'abandonnent à l'avidité et à l'égocentrisme, tous travers qui retardent les progrès spirituels. La foi n'étant pas suffisante, j'en conclus que la science devait prendre le relais. Des expériences comme celle que je menais avec Catherine devaient être étudiées, analysées et commentées d'une façon scientifique et neutre par des spécialistes des sciences physiques et des sciences du comportement. Pourtant, je n'avais à cette époque aucune envie d'écrire sur ce sujet. Je m'interrogeais sur les esprits qui devaient venir à mon aide et sur la nature même de cette aide.

Catherine s'agita et se remit à chuchoter.

— Quelqu'un nommé Gideon... Quelqu'un nommé Gideon veut me parler.

— Que dit-il ?

— Il est auprès de moi mais il ne veut pas rester. C'est un gardien. Il s'amuse avec moi actuellement.

— C'est un de vos gardiens ?

— Oui, mais c'est un farceur... Il fait des bonds autour de moi... Je crois qu'il veut me rappeler sa présence, il me suit partout.

— Vous dites Gideon ?

— Oui, il est là.

— Est-ce que sa présence vous rassure ?

— Oui. Il sera là chaque fois que j'aurai besoin de lui.

— Bon. Voyez-vous d'autres esprits autour de vous ?

Elle répondit d'une voix à peine audible. C'était son subconscient qui s'exprimait.

— Oh ! oui. Ils sont nombreux. Ils viennent uniquement quand ils le désirent. Nous sommes tous des esprits. Mais certains sont encore sur un plan physique, tandis que d'autres sont en régénération. D'autres encore sont des gardiens mais nous allons tous au même endroit. Nous avons été nous aussi des gardiens...

— Pourquoi devons-nous revenir sur terre pour apprendre ? Pourquoi ne pouvons-nous pas apprendre en demeurant sur le plan spirituel ?

— Parce qu'il y a différents degrés de connaissance et certains ne peuvent s'acquérir que dans la chair. Nous devons connaître la douleur. Quand on vit dans le monde des esprits, on ne sait pas ce qu'est la douleur. Il faut être incarné pour cela. Dans le monde spirituel il n'y a que le bonheur et un sentiment de bien-être. Et la période de régénération. Les relations entre les gens sur le plan spirituel sont différentes de celles qui existent sur le plan physique. Il faut que nous fassions l'expérience de ce plan.

— Je comprends.

Les minutes s'écoulèrent. Catherine se taisait toujours.

— Je vois une voiture, dit-elle enfin, une voiture bleue.

— Une voiture d'enfant ?

— Non. Une voiture à cheval, un cabriolet bleu avec une capote à franges... de grandes roues. Il n'y a personne dedans mais je vois les chevaux : un gris et un brun. Le gris s'appelle Pomme et l'autre Duke. Ils sont très gentils. Ils ne mordent pas et ils ont de gros sabots.

— Aucun d'eux n'est méchant ?

— Non. Ils sont très gentils.

— Êtes-vous avec eux ?

— Oui. Je vois leur museau. Les chevaux sont tellement plus grands que moi.

— Conduisez-vous le cabriolet ?

À ses réponses, je devinais qu'elle était enfant.

— Non c'est un garçon qui dirige l'attelage.

— Quel âge avez-vous ?

— Je suis très jeune. Je ne sais pas mon âge. Je ne sais pas encore compter.

— Connaissez-vous ce garçon ? C'est un ami, votre frère ?

— C'est un voisin. Il est là parce qu'il y a une réception. Je crois que c'est un mariage.

— Savez-vous qui se marie ?

— Non. On nous a dit de ne pas nous salir. J'ai des cheveux bruns et des bottines à boutons.

— Comment êtes-vous habillée pour la réception ? Avez-vous de jolis vêtements ?

— J'ai une robe toute blanche avec des dentelles, et qui se ferme dans le dos.

— Votre maison est-elle proche ?

— Oui. C'est une grande maison.

— C'est là où vous vivez ?

— Oui.

— Bien. Entrez dans la maison maintenant et regardez autour de vous. C'est un grand jour. Les invités sont habillés très élégamment, eux aussi.

— On fait beaucoup de cuisine.

— En sentez-vous l'odeur ?

— Oui. On fait du pain... on fait cuire la viande. On nous dit de retourner dehors.

Cette précision m'amuse. Je lui avais donné l'ordre d'entrer et maintenant on lui donnait l'ordre contraire.

— Quelqu'un vous appelle-t-il par votre nom ?

— Oui... Mandy... Mandy et Edward.

— Edward, c'est le nom du garçon ?

— Oui.

— Et vous ne devez pas rester dans la maison ?

— Non. Il y a trop à faire.

— Comment réagissez-vous ?

— Cela nous est indifférent. Mais c'est difficile de ne pas se salir. Nous ne pouvons rien faire.

— Assistez-vous au mariage un peu plus tard ?

— Oui. Il y a beaucoup de monde. La pièce est bondée. Il fait très chaud. Le pasteur est là. Il a un curieux chapeau noir à larges bords qui dissimulent son visage.

— Est-ce un jour heureux pour la famille ?

— Oui.

— Savez-vous qui se marie ?

— Ma sœur.

— Est-elle beaucoup plus âgée que vous ?

— Beaucoup.

— La voyez-vous maintenant ? Porte-t-elle une robe de mariée ?

— Oui.

— Est-elle jolie ?

— Oui, et elle a des fleurs dans les cheveux.

— Regardez-la mieux. L'avez-vous rencontrée à une autre époque ? Regardez ses yeux, sa bouche…

— Oui. C'est Becky… elle est plus petite, beaucoup plus petite.

Becky était une amie et collègue de Catherine. Elles étaient très liées mais Catherine lui en voulait de ses jugements et de sa curiosité pour sa vie privée. Après tout, elle n'était qu'une amie. Elle ne faisait pas partie de sa famille. Mais voilà que la distinction s'estompait.

— Elle m'aime bien et je peux rester au premier rang parce qu'elle m'aime bien.

— Bon. Regardez autour de vous. Vos parents sont-ils présents ?

— Oui.

— Vous aiment-ils aussi beaucoup ?

— Oui.

— Très bien. Observez-les. D'abord votre mère. Vous souvenez-vous d'elle, de son visage ?

Catherine prit plusieurs inspirations.

— Je ne la connais pas, affirma-t-elle.

— Regardez votre père. Regardez-le de près. Étudiez son expression, son regard… sa bouche aussi. Le connaissez-vous ?

— C'est Stuart, répondit-elle très vite.

Ainsi Stuart réapparaissait une fois de plus. L'exploration en valait la peine.

— Quels sont vos rapports ?

— Je l'aime beaucoup… Il est très gentil avec moi mais il me considère comme un fléau. Tous les enfants l'agacent.

— Est-il grave ?

— Non. Il aime jouer avec nous mais nous lui posons trop de questions. Il est très gentil avec nous, sauf quand nous lui posons des questions.

— Cela l'embête parfois ?

— Oui. C'est à l'institutrice de nous répondre, pas à lui. C'est pourquoi nous allons à l'école… pour apprendre.

— C'est sans doute ce qu'il vous dit, n'est-ce pas ?

— Oui. Il a des choses plus importantes à faire. Il doit gérer la ferme.

— Est-ce une grande ferme ?

— Oui.

— Savez-vous dans quel pays elle se trouve ?

— Non.

— Est-ce que le nom d'une ville, ou d'un État, est mentionné autour de vous ?

Elle tendit l'oreille un moment.

— Je n'entends rien de tel.

— D'accord. Voulez-vous continuer à explorer cette existence ? Voulez-vous savoir ce que vous devenez quelques années plus tard ?

— Cela me suffit, coupa-t-elle.

Tout au long de cette expérience, je n'avais pas voulu parler des révélations de Catherine avec mes collègues. En fait, à l'exception de Carole et de quelques amis « sûrs », je n'avais partagé aucune de ces étourdissantes informations. Je savais que leur contenu était authentique et d'une grande importance mais les inquiétudes que je nourrissais sur les réactions de mes collègues – psychiatres et scientifiques – m'obligeaient à garder le silence. Ma réputation, ma carrière, l'idée que les autres se faisaient de moi étaient encore essentielles à mes yeux.

Les preuves que m'avait données Catherine, semaine après semaine, avaient eu raison de mon scepticisme initial. Je réécoutais souvent les enregistrements de nos séances, et j'étais toujours aussi impressionné par la spontanéité et la conviction de ma patiente. Suffiraient-elles à convaincre les autres ? Comme j'en doutais je décidai d'accumuler les enregistrements.

Au fur et à mesure que j'acceptais la véracité des messages, ma vie se simplifiait et s'enrichissait à la fois. Je n'éprouvais plus le besoin d'impressionner qui que ce soit, de jouer un rôle ou de porter un masque. Mes relations avec les autres devinrent peu à peu plus honnêtes et plus directes. En famille, la vie était moins désordonnée et plus détendue. Petit à petit, je surmontai mes réticences à partager la sagesse qui m'avait été transmise par l'intermédiaire de Catherine. L'intérêt et la curiosité que manifesta mon entourage m'étonnèrent : beaucoup me confièrent les expériences qu'ils avaient faites dans le domaine de la parapsychologie (sentiment de déjà vu, voyage astral, rêves concernant leurs vies antérieures, accès de voyance, etc.). La plupart n'en avaient même pas parlé à leur conjoint, tant était grande leur crainte de s'entendre traiter d'esprit dérangé ou bizarre. Pourtant les manifestations parapsychologiques sont assez courantes, ou du moins beaucoup plus fréquentes qu'on ne le croit. Rares, en revanche, sont ceux qui sont disposés à en parler, et plus leur niveau de culture est élevé, plus leurs réticences sont grandes.

Connu et admiré à travers le monde pour ses connaissances et son habileté professionnelle, le président d'un des plus grands services hospitaliers de l'établissement où j'exerce communique avec son père défunt, qui l'a protégé à plusieurs reprises contre de graves dangers. Un autre professeur, spécialisé dans la recherche, poursuit et résout en rêve des expériences complexes. Un médecin bien connu est capable de deviner qui l'appelle au téléphone avant de décrocher.

L'épouse du directeur du service psychiatrique d'une université de l'Ouest, docteur en psychologie, connue pour ses travaux de recherche toujours soigneusement planifiés et exécutés, n'a jamais raconté à personne comment, lors de son premier voyage à Rome, elle a circulé dans la ville comme si le plan en avait été imprimé dans sa mémoire. Elle savait infailliblement ce qui allait surgir au prochain carrefour. Elle ne parlait pas l'italien et c'était la première fois qu'elle mettait les pieds sur le sol d'Italie, pourtant beaucoup d'Italiens la prirent pour une compatriote et l'abordèrent. Elle eut le plus grand mal à assimiler cette expérience.

Je comprenais pourquoi tous ces spécialistes de haut niveau voulaient garder l'anonymat et partageais leurs réactions. Aucun ne pouvait nier son expérience mais sa formation s'opposait radicalement aux informations et aux croyances qu'elle sous-tendait. Nous ne pouvions que garder le silence.

10

La semaine passa très rapidement. Je réécoutai à plusieurs reprises les enregistrements des dernières séances. J'approchais du stade de la régénération, m'avait-on dit. J'avoue que je ne me sentais pas particulièrement éclairé. Des esprits viendraient à mon aide. Mais qu'étais-je supposé faire ? À quel moment ? Et, de plus, serais-je à la hauteur de la tâche ? Je devais patienter, en me souvenant des paroles du Maître poète.

— Patience et opportunité... Tout vient à son heure... Vous comprendrez en temps voulu... Il faut vous laisser la possibilité d'assimiler la connaissance que nous venons de vous transmettre.

Il me fallait donc attendre.

Au début de la consultation suivante, Catherine me raconta une partie du rêve qu'elle avait fait, plusieurs nuits auparavant. Un incendie avait éclaté dans la maison de ses parents, où elle vivait. Elle aidait à évacuer la maison et semblait maîtriser la situation mais son père, apparemment indifférent au danger, traînait d'une pièce à l'autre. Elle le forçait à sortir dans la nuit. Il se rappelait alors qu'il avait oublié quelque chose et demandait à Catherine de récupérer cet objet dans les flammes. De quoi s'agissait-il ? Catherine ne s'en souvenait pas. Je décidai de ne pas interpréter le rêve mais d'attendre l'occasion d'avoir plus de détails sous hypnose.

Elle s'endormit rapidement d'un profond sommeil hypnotique.

— Je vois une femme coiffée d'un capuchon. Il ne couvre pas son visage mais seulement ses cheveux.

Silence.

— Le voyez-vous toujours, ce capuchon ?

— Je l'ai perdu... Je vois un tissu noir, un genre de brocart incrusté d'or... Je vois aussi un bâtiment blanc avec des coupoles...

— Savez-vous quel est ce bâtiment ?

— Non.

— Est-il grand ?

— Non. Dans le fond il y a une montagne couronnée de neige. L'herbe est verte dans la vallée...

— Pouvez-vous entrer dans ce bâtiment ?

— Oui. Il est en marbre... froid au toucher.

156

— Est-ce un temple ou un édifice religieux ?

— Je ne sais pas. Je crois plutôt qu'il s'agit d'une prison.

— Une prison ? répétai-je. Voyez-vous des gens à l'intérieur ou aux abords ?

— Oui. Des soldats. Ils portent un uniforme noir avec des épaulettes à glands dorés, des casques noirs à pointe dorée et... une ceinture rouge autour de la taille.

— Voyez-vous ces soldats autour de vous ?

— Oui. Deux ou trois.

— Où êtes-vous ?

— Je ne sais pas exactement. Je ne suis pas à l'intérieur du bâtiment, mais tout près.

— Regardez autour de vous. Les montagnes... l'herbe... les bâtiments blancs... En voyez-vous d'autres ?

— Oui. Mais ils sont loin de la prison. Il y en a un autre... isolé... entouré d'un mur.

— Croyez-vous que ce soit un fort ou une autre prison ?

— C'est possible. Il est très isolé.

— En quoi ces bâtiments sont-ils importants à vos yeux ? Savez-vous le nom de ce pays ou de la ville où vous êtes ? Où vivent ces soldats ?

— Je vois le mot « Ukraine »...

— L'Ukraine ? répétai-je, fasciné par la diversité de ses incarnations. Savez-vous à quelle époque vous êtes ? Voyez-vous une date ?

— Nous sommes en 1700... (Elle eut une hésitation puis rectifia.) 1758. Il y a beaucoup de soldats. Je ne sais pas pourquoi ils sont là. Ils portent de longs sabres courbés.

— Que voyez-vous d'autre ?

— Une fontaine où les chevaux s'abreuvent.

— Les soldats sont à cheval ?

— Oui.

— Ces soldats ont-ils un autre nom ? Un nom particulier ?

— Je ne crois pas.

— Êtes-vous l'un d'eux ?

— Non.

Courtes, faites de monosyllabes, ses réponses étaient à nouveau celles d'un enfant. Je devais redoubler de questions.

— Mais vous les voyez autour de vous ?

— Oui.

— Êtes-vous dans une ville ?

— Oui.

— Y vivez-vous ?

— Je crois.

— Bien. Essayez de voir votre apparence et l'endroit où vous vivez.

— Je suis en guenilles. Je vois un enfant déguenillé. Il a froid...

— A-t-il un foyer dans cette ville ?

— Je ne sais pas, répondit-elle après un long silence.

Apparemment, l'exploration de cette incarnation lui posait des problèmes. Ses réponses étaient vagues et mal assurées.

— Bien. Connaissez-vous le nom de ce garçon ?

— Non.

— Que lui arrive-t-il ? Suivez-le. Que se passe-t-il pour lui ?

— Quelqu'un qu'il connaît est en prison.

— Qui est-ce ? Un ami ? Un parent ?

— Je crois qu'il s'agit de son père.

— Êtes-vous ce garçon ?

— Je n'en suis pas sûre.

— Savez-vous quels sont ses sentiments au sujet de son père emprisonné ?

— Oui... Il a peur. Il craint qu'on ne le tue.

— Qu'a fait son père ?

— Il a dérobé quelque chose aux soldats, des papiers...

— Le garçon n'est pas véritablement au courant ?

— Non. Il pense qu'il ne reverra peut-être jamais son père.

— Sait-on combien de temps son père sera emprisonné ? Ou s'il aura la vie sauve ?

— Non, répondit-elle d'une voix tremblante qui trahissait sa tristesse et son émotion.

Elle savait peu de chose et pourtant les événements dont elle portait témoignage la bouleversaient.

— Vous ressentez l'inquiétude et la peur de ce garçon, n'est-ce pas ?

— Oui.

Nouveau silence.

— Qu'arrive-t-il par la suite ? Avancez dans le temps. Je sais que c'est pénible. Avancez. Un événement survient.

— Son père est exécuté.

— Quels sont les sentiments du garçon maintenant ?

— Il a été tué pour un crime qu'il n'a pas commis. Mais ici on exécute les gens sans raison.

— L'enfant doit être bouleversé...

— Je ne pense pas qu'il comprenne vraiment la situation.

— A-t-il d'autres parents vers qui se tourner ?

— Oui, mais sa vie sera très difficile.

— Que deviendra-t-il ?

— Je ne sais pas. Il mourra probablement...

Sa tristesse était évidente. Elle demeura quelques instants silencieuse puis parut regarder autour d'elle.

— Que voyez-vous ?

— Une main... une main qui se referme sur quelque chose de blanc. Je ne sais pas ce que c'est...

Elle retomba dans le silence.

— Que voyez-vous d'autre ? insistai-je.

— Rien... Tout est sombre.

Était-elle déjà morte ou le contact était-il rompu avec cet enfant triste qui vivait en Ukraine, il y a plus de deux cents ans ?

— Avez-vous quitté le garçon ?

— Oui, chuchota-t-elle.

Elle se reposait maintenant.

— Quelle leçon avez-vous tirée de cette existence ? En quoi était-elle importante ?

— Il ne faut pas juger hâtivement les gens. Il faut être loyal envers eux. Bien des vies peuvent être ruinées par un jugement hâtif.

— La vie de ce garçon a été pénible et il a eu une mort précoce à cause du jugement qui a frappé son père ?

— Oui.

Elle demeura silencieuse pendant quelques instants.

— Voyez-vous quelqu'un d'autre maintenant ? Entendez-vous quelque chose ?

— Non.

De nouveau, une réponse laconique suivie d'un silence. Cette brève existence avait été particulièrement éprouvante. Je lui suggérai de se reposer.

— ... Vous êtes en paix. Votre corps récupère. Votre âme retrouve sa sérénité... Vous sentez-vous mieux ? Quelles épreuves a subies ce garçon... C'était très difficile mais vous vous reposez à présent. Votre esprit est libre d'explorer d'autres lieux, d'autres époques... de retrouver d'autres souvenirs. Vous reposez-vous ?

Elle acquiesça et je résolus de revenir à l'épisode onirique dans la maison en feu, à la nonchalance inexpliquée de son père lui demandant d'aller récupérer dans les flammes un objet qui lui appartenait.

— J'ai une question à vous poser au sujet de votre père. Rappelez-vous le rêve de l'incendie. Ne craignez rien. Vous êtes plongée dans un profond sommeil. Vous en souvenez-vous ?

— Oui.

— Vous êtes revenue dans la maison pour chercher quelque chose. Qu'était-ce ?

— ... Une boîte métallique.

— Que contenait-elle de si précieux pour lui ?

— Ses timbres et sa collection de pièces de monnaie...

Le souvenir précis du contenu de son rêve contrastait étrangement avec l'évocation superficielle qu'elle en avait faite à l'état normal. L'hypnose est un outil puissant qui, non seulement donne accès aux recoins les plus cachés de la mémoire, mais encore fournit les moindres détails.

— Ces timbres et ces pièces étaient donc si importants pour lui ?

— Oui.

— Au point de vous faire risquer votre vie dans une maison en flammes ?

— Il ne croyait pas que je risquais ma vie, m'interrompit-elle.

— Il pensait que cela ne représentait aucun danger ?

— Sans doute.

— Alors pourquoi ne pas y aller lui-même ?

— Il pensait que je serais plus rapide que lui.

— Je vois... Mais il y avait du danger pour vous, n'est-ce pas ?

— Oui, mais il n'en était pas conscient.

— Que révèle ce rêve sur vos relations avec votre père ?

— Je ne sais pas.

— Il ne paraissait pas tellement pressé de fuir la maison.

— C'est exact.

— Pourquoi ? Alors que vous, vous avez tout de suite saisi la situation ?

— Parce qu'il refuse de voir la réalité.

J'en profitai pour donner mon interprétation du rêve.

— C'est une habitude, chez lui. Comme de vous faire faire les choses à sa place. J'espère que vous pouvez l'influencer. J'ai le sentiment que cet incendie représente le temps qui fuit. Vous êtes consciente de ce danger. Lui en est inconscient. Alors qu'il perd sa vie et vous envoie à la recherche d'objets, vous en savez tellement plus... Vous pourriez lui en apprendre beaucoup mais il ne veut pas...

— C'est vrai, opina-t-elle. Il ne veut pas.

— C'est ainsi que j'explique ce rêve mais on ne peut forcer votre père à prendre conscience... Il faut qu'il le fasse de lui-même.

— Oui, acquiesça-t-elle d'une voix profonde et rauque. Que nous soyons brûlés dans un incendie n'a aucune importance... si nous n'avons plus besoin de notre corps.

Un Maître spirituel venait de donner un éclairage inattendu au contenu du rêve. Sa soudaine intrusion me surprit et je ne pus que répéter ces derniers propos comme un perroquet :

— Si nous n'avons plus besoin de nos corps ?

— Nous passons par plusieurs stades au cours de notre vie. Nous avons d'abord un corps de nourrisson qui se transforme en celui d'un enfant, puis d'un adulte, et enfin d'un vieillard. Nous les abandonnons tous l'un après l'autre. Pourquoi refuser d'aller plus loin, de nous dépouiller de notre corps de vieillard pour accéder ainsi à un plan spirituel ? C'est toute l'évolution humaine. Sur le plan spirituel aussi, nous continuerons d'évoluer. Lorsque nous avons passé par tous les stades de développement, nous sommes épuisés. Il faut nous régénérer, tirer les leçons de nos vies et prendre la décision de retourner sur terre, choisir le lieu et comprendre. Certains choisissent de ne pas retourner sur le plan physique, de demeurer à l'état d'esprit et de continuer leur évolution dans le monde spirituel... D'autres reviennent sur terre beaucoup plus tard. Quoi qu'il en soit, l'évolution se poursuit : on apprend sans relâche. Le corps n'est que le véhicule physique de notre âme. Elle seule vit éternellement.

Je ne reconnus ni la voix ni le style de celui qui parlait. C'était un nouveau Maître qui nous transmettait d'importantes connaissances. Je voulus en savoir plus sur ces royaumes spirituels.

— Pour quelles raisons les êtres ne restent-ils pas tous sur le plan spirituel ? Apprenons-nous plus vite sur le plan physique ?

— Non. Au contraire. L'évolution se poursuit plus rapidement sur le plan spirituel. Mais nous choisissons ce que nous voulons apprendre. Nous revenons sur terre si nous avons absolument besoin de faire évoluer une relation avec autrui. Sinon, nous demeurons là où nous sommes. En tant qu'esprits, nous pouvons – si nous le voulons – entrer en contact avec ceux qui vivent sur le plan physique, mais seulement pour une raison grave... si, par exemple, nous devons leur faire savoir quelque chose d'important.

— Comment entrez-vous en contact avec eux ? Comment pouvez-vous leur communiquer un message ?

À ma grande surprise ce fut Catherine qui répondit aussitôt d'un ton ferme.

— On peut leur apparaître... sous l'aspect que nous avons de notre vivant. On peut

165

simplement entrer en contact avec eux et leur transmettre un message mental. Ce message peut être sibyllin mais le destinataire sait la plupart du temps à quoi il se rapporte. Il le comprend. C'est une communication d'esprit à esprit.

— Pourquoi cette connaissance que vous possédez maintenant, cette sagesse, ne vous est-elle pas accessible sur le plan physique à l'état de veille ?

— Je ne la comprendrais pas, je crois. Je ne serais pas capable de la comprendre.

— Peut-être puis-je vous y aider ? Vous débarrasser de cette peur qui vous empêche de comprendre ?

— Peut-être.

— Les Maîtres vous disent des choses semblables à celles que vous me transmettez maintenant. Vous devez donc obtenir beaucoup d'informations.

La sagesse dont elle faisait preuve sous hypnose m'intriguait beaucoup. Elle acquiesça avec simplicité.

— Ces informations, vous les trouvez en vous-même ?

— Mais ce sont les Maîtres qui les y ont déposées, rectifia-t-elle.

— Bien. Comment puis-je vous aider à surmonter votre peur et à évoluer ?

— C'est déjà fait, répondit-elle avec douceur.

Elle avait raison. Ses angoisses avaient presque entièrement disparu. À partir du moment où je l'avais plongée dans le sommeil hypnotique, son état clinique s'était incroyablement amélioré.

— Quelles leçons devez-vous apprendre dans cette vie ? Quel enseignement devez-vous en retirer pour trouver maturité et bonheur ?

— La confiance, répondit-elle immédiatement.

Elle savait donc en quoi consistait sa tâche. La promptitude de sa réponse m'étonna.

— La confiance ? répétai-je.

— Oui. Je dois retrouver la foi et aussi cette confiance en autrui qui me manque. Je crois toujours que les autres ont de mauvaises intentions à mon égard, ce qui me pousse à me séparer de ceux qui me seraient bénéfiques, à m'attacher aux autres et à évaluer faussement les situations.

Dans cet état de superconscience, son intuition était étonnante. Elle voyait clairement ses faiblesses et ses qualités. Elle savait par quels côtés sa vie était insatisfaisante et ce qu'elle devait faire pour y remédier. Seulement voilà, ses éclairs d'intuition n'atteignaient pas le niveau de conscience qui était le sien dans la vie quotidienne. Cette incroyable perspicacité qu'elle possédait sous hypnose ne pouvait transformer sa vie.

— De qui devriez-vous vous séparer ? demandai-je.

— De Becky... J'ai peur d'elle, avoua-t-elle après un court silence. Et aussi de Stuart... Je crois qu'ils me sont tous deux néfastes.

— Pouvez-vous rompre toute relation avec eux ?

— Pas complètement, mais je devrais, à coup sûr, échapper à leur influence. Stuart s'efforce, avec succès, de me garder prisonnière. Il sait que j'ai peur. Il sait que je crains de le perdre et il joue de cette peur pour me garder.

» Becky essaie continuellement de me détourner de ceux en qui j'ai confiance. Où je vois le bien, elle voit le mal. Elle sème la méfiance en moi. Je fais tout mon possible pour apprendre à faire confiance aux – autres, et elle jette le trouble en mon esprit. Mais c'est son problème. Je ne peux pas la laisser m'influencer ainsi.

Dans cet état de superconscience, Catherine pouvait identifier les défauts les plus marquants de Stuart et de Becky. Sous hypnose, elle aurait fait un excellent psychiatre, à l'intuition foudroyante. À l'état normal, elle ne possédait aucune de ces qualités. Je pensais qu'il était de mon devoir d'essayer de faire la liaison entre ces deux états. Son amélioration spectaculaire prouvait que j'y étais en partie parvenu.

— À qui pouvez-vous faire confiance ? Qui sont ceux dont vous pouvez vous rapprocher sans crainte, et qui favoriseront votre évolution ?

— Vous, chuchota-t-elle.

J'étais d'accord mais je savais que ce n'était pas suffisant.

— Oui, car nous sommes proches l'un de l'autre, mais il y a dans votre vie des êtres qui peuvent l'être encore plus que moi.

Je refusai qu'elle soit sous ma dépendance.

— Je peux faire confiance à ma sœur. Pour les autres, je ne vois pas. Je peux aussi faire confiance à Stuart, mais dans une certaine mesure... Il m'aime mais c'est un esprit troublé. Il peut donc me faire mal sans le vouloir.

— Vous avez raison. Y a-t-il un autre homme qui vous inspire de la confiance ?

— Robert, répondit-elle.

Robert était un autre médecin de l'hôpital avec qui Catherine était liée.

— Oui, mais peut-être en trouverez-vous d'autres à l'avenir ?

— C'est possible, admit-elle.

Avait-elle connaissance de l'avenir ? Cette question m'intriguait au plus haut point. Ses descriptions du passé avaient été si précises, grâce aux Maîtres, elle avait appris tant de choses particulières et secrètes ; pouvaient-ils aussi lui révéler l'avenir ? Si oui, pourrions-nous partager cette connaissance ? Une myriade de questions me traversèrent l'esprit.

— Quand vous êtes en contact avec votre superconscience, comme vous l'êtes actuellement, quand vous accédez à cette sagesse, avez-vous des dons médiumniques ? Pouvez-vous lire l'avenir ? Comme vous l'avez fait du passé ?

— C'est possible, admit-elle, mais je ne vois rien, pour l'heure.

— Mais c'est possible ?

— Je le crois.

— Pouvez-vous voir l'avenir sans avoir peur ? Pouvez-vous vous rendre dans le futur et obtenir ces renseignements d'une façon neutre qui ne vous effraiera pas ? Pouvez-vous voir l'avenir ?

— Je ne vois rien de tel, répondit Catherine immédiatement. « Ils » ne le permettent pas.

Elle faisait naturellement allusion aux Maîtres.

— Sont-ils près de vous actuellement ?

— Oui.

— Vous parlent-ils ?

— Non. Ils contrôlent tout.

Ils la contrôlaient de telle façon qu'elle ne pouvait rien voir de l'avenir. Peut-être n'avions-nous rien à y gagner sur le plan personnel. Peut-être cette aventure aurait-elle démultiplié les angoisses de Catherine. Peut-être aussi étions-nous insuffisamment préparés pour recevoir de telles informations.

Je n'insistai pas.

— Ce Gideon, cet esprit qui se trouvait auprès de vous...

— Oui ?

— Que veut-il ? Le connaissez-vous ? Pourquoi ne vous quitte-t-il pas ?

— Je ne sais pas. Je ne crois pas le connaître.

— Il vous protège, n'est-ce pas ?

— Oui.

— Les Maîtres...

— Je ne les vois plus.

— Les Maîtres m'envoient parfois des messages pour nous aider, vous et moi. Ces messages vous sont-ils transmis en dehors de tout dialogue ? Sont-ils directement imprimés dans votre esprit ?

— Oui.

— Les Maîtres veillent à ce que vous ne dépassiez pas vos possibilités, n'est-ce pas ? À ce que vous vous rappeliez uniquement ce qui vous est utile ?

— Oui.

— Cette découverte des vies antérieures a donc un but ?

— Bien sûr.

— Nous enseigner à ne plus avoir peur.

— Il y a bien des façon de communiquer. Pour les Maîtres, c'est une façon de prouver leur existence...

Autrement dit, que Catherine entende des voix, qu'elle visualise des scènes ou des paysages du passé, qu'elle soit la proie de phénomènes médiumniques ou que des idées lui soient suggérées, le but des Maîtres demeurait le même :

prouver leur existence et nous aider, par l'intuition et la connaissance, à acquérir la sagesse des dieux.

— Savez-vous pourquoi ils vous ont choisie comme interprète ?

La question était épineuse : à l'état normal, Catherine refusait d'écouter les enregistrements.

— Non, chuchota-t-elle.

— Avez-vous peur ?

— Parfois.

— Pas toujours ?

— Non.

— Cela peut être rassurant de se savoir éternel, commentai-je. Cela peut nous ôter toute crainte de la mort.

Elle partageait mon point de vue.

— Je dois apprendre à faire confiance, ajouta-t-elle en revenant aux leçons de sa vie actuelle. Je dois apprendre à croire mes amis… alors que j'ai tendance à les combattre. C'est troublant. En fait, je crois que je refuse de faire confiance à qui que ce soit.

Elle se tut. Une fois de plus, j'admirai son intuition.

— La dernière fois que nous vous avons évoquée, enfant, vous étiez avec des chevaux dans un jardin. Au mariage de votre sœur. Vous en souvenez-vous ?

— Vaguement.

— Y a-t-il d'autres enseignements à tirer de cette existence-là ?

— Oui.

— Voulez-vous que nous retournions l'explorer ?

— Pas maintenant. Une vie contient tant de choses… Nous avons tant à apprendre… Bien, nous l'explorerons, mais plus tard.

Je revins donc aux relations orageuses qu'elle entretenait avec son père et qui avaient profondément affecté son existence.

— Il faut approfondir cet aspect. Vous avez sans doute beaucoup à apprendre de cette relation. Comparez votre expérience à celle de ce jeune garçon ukrainien qui a perdu son père très tôt. Votre expérience est différente de la sienne et pourtant, même si certaines épreuves vous ont été épargnées…

Elle m'interrompit.

— La mienne est la plus douloureuse… Les pensées sont à l'origine de la souffrance…

— Quelles pensées ? demandai-je en croyant qu'elle avait changé de sujet.

— Quand vous anesthésiez un malade vous croyez qu'il n'entend plus ce qui se dit autour de lui, n'est-ce-pas ? Eh bien, vous avez tort. IL ENTEND… (L'excitation lui donnait un débit précipité). Sous anesthésie, l'inconscient enregistre tout ce qui se passe. Lorsqu'on m'a opérée de la gorge, j'ai entendu que les médecins évoquaient un risque d'étouffement…

Je me souvins que Catherine avait subi une opération des cordes vocales quelques mois avant notre premier entretien. Son inquiétude avant l'opération s'était muée en une véritable terreur à son réveil. Il avait fallu des heures aux infirmières pour la calmer. Cette terreur était apparemment due aux propos qui avaient échappé au chirurgien durant l'opération. Mes souvenirs d'interne me revinrent en mémoire. Je me rappelai nos plaisanteries, nos jurons, nos discussions, et les accès de colère des chirurgiens dans le bloc opératoire. Qu'avait perçu de tout cela le subconscient des malades ? Dans quelle mesure nos bavardages avaient-ils influencé leurs pensées ou leurs émotions après leur réveil, et précipité – ou ralenti – leur convalescence ? Avions-nous provoqué la mort d'un malade ? L'un d'eux avait-il abandonné la lutte après avoir surpris un commentaire pessimiste ?

— Vous rappelez-vous ce qu'ils disaient ? demandai-je.

— Ils m'avaient glissé un tuyau dans la gorge et ils craignaient que ma gorge n'enfle s'ils ôtaient le tuyau. Ils croyaient que je ne pouvais pas les entendre.

— Mais vous les entendiez ?

— Oui. C'est pourquoi j'ai eu tous ces problèmes.

174

Cette séance devait débarrasser définitivement Catherine de sa peur de s'étrangler ou de s'étouffer. Ce fut aussi simple que cela.

— Toute cette angoisse... poursuivit-elle. Je croyais que j'allais m'étouffer.

— Vous sentez-vous libérée maintenant ?

— Oui. Vous pouvez défaire ce qu'ils ont fait.

— Vraiment ?

— Bien sûr. D'ailleurs, c'est ce que vous faites... Il faut que les médecins fassent attention à ce qu'ils disent. Je me souviens maintenant. Ils m'avaient glissé un tube dans la gorge et je n'ai pas pu leur expliquer, par la suite, que je les avais entendus.

Elle demeura silencieuse quelques secondes puis se mit à tourner la tête d'un côté et de l'autre, comme si elle écoutait quelque chose.

— J'ai l'impression que vous entendez un message. Savez-vous d'où il provient ?

J'espérais le retour des Maîtres. Sa réponse fut énigmatique.

— Quelqu'un m'a parlé.

— Qui ?

— Il est parti.

Je ne me déclarai pas vaincu.

— Essayez de faire revenir les esprits. Ils ont sans doute un message pour nous.

— Ils viennent quand ils le veulent, pas à ma demande, répondit-elle avec fermeté.

— Vous n'avez aucune influence sur eux ?

— Non.

— Très bien. Le message sur l'anesthésie était très important pour vous. Vous savez maintenant pourquoi vous aviez si peur de vous étouffer.

— Il était important pour vous, rétorqua-t-elle. Pas pour moi.

Cette réponse me donna à réfléchir. Catherine avait été guérie de sa peur grâce à moi, grâce à mon action. Le message voulait-il dire que la thérapie était plus importante que la guérison ? Je compris que la réponse des Maîtres pouvait être interprétée à plusieurs niveaux, et que si j'y parvenais, je ferais progresser de façon spectaculaire la compréhension des relations humaines.

— … car il m'a permis de vous aider ? demandai-je.

— Oui. Vous avez pu défaire ce qu'avaient fait vos collègues. Vous pourrez le faire à l'avenir. Nous avons tous deux appris une importante leçon.

Peu de temps après son troisième anniversaire, Amy, ma fille, courut vers moi et m'enlaça les jambes.

— Papa, dit-elle en levant les yeux, je t'aime depuis quarante mille ans…

J'abaissai mon regard sur sa frimousse et un flot de bonheur m'envahit.

11

Quelques nuits plus tard, je m'éveillai en sursaut. Je sortis de mon profond sommeil l'esprit étonnamment clair, et le visage de Catherine m'apparut en gros plan. Bouleversée, elle semblait avoir besoin d'aide. Je regardai la pendule. Il était 3 h 36 du matin. Aucun bruit extérieur ne m'avait tiré du sommeil. Carole dormait paisiblement à mes côtés. J'oubliai l'incident et me rendormis.

Aux environs de la même heure, cette nuit-là, Catherine s'était réveillée d'un cauchemar épouvantable. Elle était en sueur et son cœur battait à tout rompre. Pour se calmer, elle résolut de méditer, et me visualisa en train de l'hypnotiser, dans mon cabinet. Après avoir imaginé mon visage et entendu ma voix, elle finit par se rendormir.

Les dons médiumniques de ma patiente s'affirmaient. Les miens aussi. J'imaginais sans peine les commentaires de mes anciens professeurs en psychiatrie sur les réactions de transfert et de contre-transfert dans les relations thérapeutiques. On appelle « transfert » la projection des sentiments, des pensées et des désirs du malade sur le thérapeute, qui représente une personne ayant joué un rôle dans son passé. Le « contre-transfert », à l'inverse, désigne l'ensemble des réactions émotives inconscientes du psychiatre vis-à-vis de son patient. À 3 h 36, cette communication ne pouvait relever d'aucun de ces phénomènes, mais d'un lien télépathique établi en dehors de tous processus normaux sur un plan vibratoire, auquel l'hypnose nous permettait d'accéder. À moins qu'elle ne soit due à l'action d'un groupe d'esprits – Maîtres ou gardiens – … De toute façon, plus rien ne me surprenait.

Durant la séance suivante, Catherine plongea sans peine dans un sommeil hypnotique profond.

— Je vois un gros nuage, dit-elle aussitôt d'un ton inquiet et le souffle court.

— Le voyez-vous toujours ?

— Je ne sais pas. Il est passé très vite... tout en haut de la montagne.

Son inquiétude demeurait. Avait-elle vu l'explosion d'une bombe ? Était-ce une vision prophétique ?

— Voyez-vous toujours la montagne ? Était-ce une explosion nucléaire ?

— Je ne sais pas.

— Pourquoi vous a-t-il effrayé ?

— Parce qu'il est apparu tout à coup... comme une fumée. Énorme. Lointain. Oh !...

— Vous n'avez rien à craindre. Pouvez-vous vous en approcher ?

— Je ne veux pas, s'écria-t-elle d'un ton catégorique.

Cette attitude de refus était inhabituelle.

— De quoi avez-vous si peur ?

— Je crois que c'est un nuage chimique... L'air est. irrespirable quand on s'en approche.

Son souffle était laborieux.

— Est-ce un gaz ? Sort-il de la montagne, comme la fumée d'un volcan.

— Je crois. On dirait un gros champignon blanc.

— Vous êtes sûre qu'il ne s'agit pas d'une bombe atomique ?

Elle ne me répondit pas tout de suite.

— C'est un genre de volcan, oui... C'est terrifiant. On a du mal à respirer. L'air est chargé de poussière. Je ne veux pas rester ici.

Son souffle reprit lentement son rythme normal. Manifestement, elle avait abandonné ce spectacle effrayant.

— Vous respirez mieux maintenant ?

— Oui.

— Bien. Que voyez-vous ?

— Rien... Ah ! si, un collier. Un collier d'argent incrusté de petites pierres bleues, avec une grosse pierre bleue en pendentif.

— Y a-t-il quelque chose de gravé sur cette pierre ?

— Non. Elle est transparente. La dame qui le porte est brune, avec un chapeau bleu à plume et une robe de velours.

— La connaissez-vous ?

— Non.

— Êtes-vous cette dame ou quelqu'un de son entourage ?

— Je ne sais pas.

— Mais vous la voyez ?

— Oui. Ce n'est pas moi.

— Quel âge a-t-elle ?

— Une quarantaine d'années, mais elle paraît plus vieille.

— Que fait-elle ?

— Rien. Elle est debout près d'une table sur laquelle je vois un flacon de parfum, tout blanc, décoré de feuilles vertes, une brosse et un peigne à manche d'argent.

Ce luxe de détails m'impressionna.

— Est-elle chez elle ou dans un magasin ?

— Elle est dans sa chambre. Il y a un lit... à quatre colonnes, recouvert de tissu marron, et un pichet sur la table.

— Un pichet ?

— Oui. Il n'y a pas de tableaux sur les murs mais de drôles de rideaux sombres.

— Cette femme est seule ?

— Oui.

— Quels rapports avez-vous avec elle ?

— Je suis sa servante.

Une fois de plus, Catherine était domestique.

— Depuis longtemps ?

— Non... quelques mois seulement.

— Aimez-vous ce collier ?

— Oui. C'est une femme très élégante.

— Avez-vous jamais porté ce bijou ?

— Jamais.

La brièveté de ses réponses m'obligeait à la presser de questions pour obtenir le maximum de renseignements. Elle me rappelait mon jeune fils qui entrait dans son adolescence.

— Quel âge avez-vous ?

— Treize ou quatorze ans peut-être...

J'avais vu juste.

— Pourquoi avez-vous quitté vos parents ?

— Je ne les ai pas quittés, corrigea-t-elle. Je travaille ici, c'est tout.

— Je vois. Retournez-vous chez eux une fois votre service terminé ?

— Oui.

Elle se montrait peu coopérative.

— Vivent-ils dans le voisinage ?

— Oui... Nous sommes très pauvres, et obligés de travailler comme domestiques...

— Connaissez-vous le nom de cette dame ?

— Elle s'appelle Belinda.

— Est-elle gentille avec vous ?

— Oui.

— Bien. Est-ce un travail pénible ?

— Non. Ce n'est pas très fatigant.

Questionner des pré-adolescents n'est jamais facile, même dans une incarnation passée. Heureusement, j'avais beaucoup de pratique dans ce domaine.

— Bien… Voyez-vous toujours cette dame ?

— Non.

— Où êtes-vous maintenant ?

— Dans une autre pièce. Il y a une table avec une nappe noire à franges. Une forte odeur de plantes flotte dans l'air.

— Est-ce toujours la maison de votre maîtresse ? Utilise-t-elle souvent des parfums ?

— Non. Je suis ailleurs.

— Chez qui ?

— Chez une dame en noir.

— Comment est-elle ? Pouvez-vous la voir ?

— Elle est enveloppée dans des châles, chuchota Catherine. Elle est vieille et toute ridée.

— Quelles sont vos relations avec elle ?

— Je viens seulement la voir.

— Dans quel but ?

— Pour qu'elle me lise les cartes.

J'avais deviné qu'il s'agissait d'une diseuse de bonne aventure, de quelqu'un qui lisait les tarots. Quelle ironique péripétie... Catherine et moi étions engagés dans une incroyable aventure qui nous entraînait au-delà du temps et de l'espace, et voici que nous nous trouvions soudain transportés deux siècles plus tôt, dans le cabinet de consultation d'une voyante. Je savais que Catherine n'avait jamais mis les pieds chez un médium de sa vie, que ce soit pour se faire lire les tarots ou autre. Ces techniques l'effrayaient.

— Elle voit donc l'avenir ?

— Elle discerne certaines choses.

— Quelle question voulez-vous lui poser ? Que voulez-vous savoir ?

— Je veux savoir quel homme j'épouserai.

— Que vous dit-elle en tirant les cartes ?

— Je vois des cartes qui représentent des hampes... des hampes et des fleurs... et puis des piques... L'une représente une coupe... C'est un calice, je crois... Sur une autre, je vois un homme armé d'un bouclier. Elle dit que je me marierai, mais pas avec celui que je crois... Je ne vois rien d'autre.

— Vous ne voyez plus la dame en noir ?

— Seulement des pièces de monnaie.

— Êtes-vous toujours avec elle ou dans un endroit différent ?

— Je suis toujours avec elle.

— De quelles pièces de monnaie s'agit-il ?

— De vieilles pièces d'or. Il y a une couronne gravée sur leur face.

— Regardez si vous voyez une date... Une inscription que vous puissiez déchiffrer.

— Je vois des chiffres étrangers, répondit-elle. Un X et un I.

— Pouvez-vous dater cet événement ?

— Nous sommes en 1700... et quelques... Je ne sais rien de précis.

— En quoi cette cartomancienne est-elle importante à vos yeux ?

— Je ne sais pas.

— Ses prédictions se réalisent-elles ?

— ... Elle est partie. Je ne sais pas. Je ne vois plus rien.

J'en fus étonné. Où était-elle maintenant ?

— Savez-vous quel est votre nom dans cette incarnation ? demandai-je en espérant renouer le fil interrompu.

— Je l'ai abandonnée.

Je compris qu'elle se reposait. Il ne lui était plus nécessaire de revivre sa mort pour parvenir au stade transitoire. J'attendis quelques minutes. Cette dernière incarnation n'avait rien eu de spectaculaire. Elle n'en avait gardé que quelques visions et le souvenir d'une cartomancienne. Je repris mes questions.

— Voyez-vous quelque chose ?

— Des bijoux multicolores...

— De vrais bijoux ?

— Non. Il s'agit de lumières chatoyantes...

— Quoi d'autre ?

— Les paroles et les pensées flottent autour de nous, reprit-elle après une pause... Je vais vous parler de la coexistence et de l'harmonie... de l'équilibre du monde...

Je compris que les Maîtres étaient proches.

— Je désire vous écouter. Pouvez-vous m'en parler ? insistai-je.

— Des mots... des mots...

— Parlons de coexistence et d'harmonie, répétai-je.

Elle répondit avec la voix du Maître poète qui m'émouvait si fort.

— Il faut parvenir à un équilibre, dit-il. La nature repose sur un équilibre. Les animaux vivent en harmonie. Les êtres humains, eux, ne savent pas vivre autrement qu'en se détruisant. Ils vivent dans l'incohérence et le désordre. La nature est équilibrée. Elle est l'énergie. Elle est la vie... la régénération. Les hommes détruisent la nature et leurs semblables. Ils finiront par se détruire eux-mêmes.

La prédiction était inquiétante. En dépit du chaos perpétuel dans lequel est plongée notre planète, j'espérai qu'elle ne se réaliserait pas de sitôt.

— Quand cela arrivera-t-il ? demandai-je.

— Plus tôt qu'ils ne le pensent. La nature leur survivra. Les plantes aussi, mais nous, nous mourrons.

— Peut-on empêcher cette destruction ?

— Non. L'équilibre doit se rétablir...

— Cette catastrophe surviendra-t-elle de notre vivant ? Pouvons-nous l'éviter ?

— Non. Nous serons alors sur un autre plan, dans une autre dimension, mais nous y assisterons.

— Ne peut-on convaincre les hommes de changer leur façon de vivre ?

Je m'obstinais à chercher une issue, à espérer quelque secours.

— Nous y parviendrons sur un autre plan. Cette catastrophe leur montrera leurs erreurs.

Je décidai de demeurer optimiste.

— Alors nos âmes évolueront en différents lieux.

— Oui. Nous ne serons plus sur cette terre que vous connaissez, mais nous verrons ce qui s'y passe.

— Il faut que j'enseigne tout cela à mes semblables, mais je ne sais comment m'y prendre. Est-ce possible ou bien doivent-ils tout apprendre par eux-mêmes ?

— Vous ne pouvez les convaincre tous. Or, pour empêcher cette catastrophe, seule une volonté collective serait efficace. On n'y peut rien. Les hommes apprendront à leurs dépens. Et en apprenant, ils évolueront de façon positive. Il y aura la paix, mais dans une autre dimension.

— Il y aura la paix un jour ?

186

— Oui, sur un autre plan.

— Cela me semble si lointain, regrettai-je. Les gens sont si minables actuellement, cupides, avides de pouvoir, ambitieux, méprisant l'amour, la compréhension, la connaissance. Ils ont beaucoup à apprendre.

— En effet.

— Puis-je écrire pour convaincre mes semblables ? Par quel moyen puis-je les toucher ?

— Vous connaissez ce moyen. Nous ne pouvons rien vous dire de plus. Cela ne servirait à rien car nous atteindrons tous le même niveau un jour, et nous comprendrons. Nous sommes tous semblables. L'un n'est pas meilleur que l'autre. Nous avons tous des leçons à apprendre et des peines à subir.

J'acquiesçai. J'avais besoin de temps pour assimiler la leçon. Catherine se taisait. Nous attendîmes quelques secondes, elle récupérant, et moi plongé dans des réflexions angoissantes. Ce fut elle qui rompit le silence.

— Les bijoux sont partis, souffla-t-elle. Les lumières... ont disparu.

— Avec les voix ?

— Oui. Je ne vois ni n'entends plus rien. (Elle se mit à rouler la tête d'un côté et de l'autre.) Un esprit... cherche.

— Serait-ce vous qu'il cherche ?

— Oui.

— Le reconnaissez-vous ?

— Je n'en suis pas sûre... Je crois que c'est Edward !

Edward était mort l'année précédente. Edward avait vraiment le don d'ubiquité : il était toujours auprès d'elle.

— À quoi ressemble-t-il ?

— Ce n'est qu'une forme blanche et lumineuse. Il n'a pas de visage au sens où nous l'entendons, mais je sais que c'est lui.

— Était-il en contact avec vous ?

— Non. Il observait simplement.

— Écoutait-il ce que je disais ?

— Oui, mais il est parti maintenant. Il voulait simplement s'assurer que j'allais bien.

Je songeai au mythe populaire de l'ange gardien. Dans le rôle de l'esprit bienveillant et tutélaire, Edward était parfait. Catherine avait déjà mentionné les anges gardiens. Je me demandai combien de mythes enfantins avaient eu véritablement pour origine les souvenirs d'un lointain passé.

Je m'interrogeai aussi sur la hiérarchie spirituelle. Comment un esprit devenait-il gardien ou Maître ? Pourquoi certains d'entre eux n'avaient-ils pour fonction que celle d'étudier ? Chaque état devait correspondre à un degré précis de sagesse et de connaissance avec, comme but ultime, l'état de divinité, c'est-à-dire cette union avec Dieu dont les théologiens et les mystiques qui l'avaient fugitivement ressentie parlaient depuis des siècles, en termes d'extase. Seuls des intermédiaires extraordinairement doués comme Catherine permettaient aux autres d'avoir un aperçu de ces réalités.

Edward avait disparu et Catherine se taisait, sereine. Quels dons merveilleux étaient les siens ! La capacité de voir au-delà de la vie et de la mort, celle de parler avec des dieux et de partager leur sagesse. Je goûtais, grâce à elle, aux fruits de l'arbre de la connaissance, et je me demandais combien il en restait.

Minette, la mère de Carole, se mourait d'un cancer du sein. La maladie, dont elle souffrait depuis quatre ans, avait attaqué les os et le foie, et la chimiothérapie était impuissante à enrayer le mal. C'était une femme courageuse qui supportait stoïquement ses souffrances et son état de faiblesse, mais le mal progressait et je savais que sa mort était proche.

Je fis part à Minette des enseignements que m'apportaient les séances avec Catherine. À ma vive surprise, cette femme d'affaires pragmatique se montra très intéressée par mes révélations et manifesta le désir d'en savoir davantage. Elle s'arrangea pour suivre, en compagnie de Carole, un cours sur la Kabbale, la gnose juive qui admet le principe de la réincarnation et l'existence de « plans » intermédiaires, et que de nombreux juifs ignorent encore actuellement. Au fur et à mesure que Minette s'affaiblissait physiquement, son âme devenait plus forte et sa peur de la mort s'atténuait. Elle espérait retrouver Ben, son époux bien-aimé, et sa croyance en l'immortalité de l'âme l'aidait à supporter la douleur. Elle s'accrochait d'autant plus à la vie qu'elle attendait la naissance du premier enfant de sa fille Donna. Elle fit la connaissance de Catherine durant un séjour à l'hôpital, et une paisible sympathie lia immédiatement les deux femmes. La sincérité et l'honnêteté de Catherine firent beaucoup pour convaincre Minette de l'existence d'une après-vie.

Une semaine avant sa mort, Carole et moi bavardâmes avec Minette de la vie, de la mort et de l'au-delà. Avec beaucoup de dignité, elle avait choisi de mourir à l'hôpital où les infirmières pouvaient s'occuper d'elle. Donna, son mari et son bébé de six semaines vinrent lui rendre une dernière visite. Nous étions presque toujours à son chevet. La veille de sa mort, Carole et moi venions de rentrer à la maison lorsque vers six heures du soir, une impulsion inexplicable nous obligea à retourner à l'hôpital. Les six ou sept heures que nous y passâmes furent des heures sereines. Une énergie spirituelle transcendantale animait Minette qui, bien que respirant difficilement, ne souffrait plus. Nous parlâmes de l'état intermédiaire après la mort physique, et de la présence spirituelle lumineuse. Elle revécut sa vie, la plupart du temps en silence, et s'efforça d'en accepter les éléments négatifs. Elle savait, semblait-il, qu'elle ne pourrait mourir sans cette acceptation. Elle voulait quitter la terre à un moment précis – à l'aube – et l'attente lui parut longue. Ce fut la première personne que j'accompagnai ainsi, dans ses derniers instants. L'expérience lui avait donné du courage et adoucissait notre douleur.

Je découvris que mes capacités thérapeutiques s'étaient notablement améliorées, non seulement vis-à-vis de ceux qui souffraient de phobies ou d'angoisses, mais à l'égard de ceux qui venaient de perdre un être cher ou des agonisants. Je savais maintenant quelle thérapeutique choisir ou abandonner. Je donnais une impression de calme et d'espoir paisible. Après la mort de Minette, beaucoup vinrent à moi parce qu'ils avaient besoin de réconfort ou qu'ils se savaient condamnés. Certains n'étaient pas prêts à accepter mon expérience avec Catherine ou le principe de la survie de l'âme, mais je n'avais pas besoin de connaissances aussi spécifiques pour leur délivrer mon message. Le ton de la voix, une compréhension bienveillante de leurs réactions, de leurs peurs et de leurs sentiments, un regard, un simple contact, une parole : tout pouvait faire vibrer en eux une corde secrète, réveiller la spiritualité, le sentiment d'appartenir à une communauté humaine, et plus encore... Aux autres, qui pouvaient m'entendre, je suggérais des lectures, parlais de mes expériences avec Catherine, bref, j'ouvrais la fenêtre sur le vent du large. Ceux qui étaient prêts se sentaient revivre. Intuitivement, ils progressaient à pas de géants.

Je suis convaincu que les thérapeutes doivent faire preuve d'une grande ouverture d'esprit. Si des travaux scientifiques sont nécessaires dans l'étude de la mort et des mourants, des expériences sérieuses le sont encore plus dans le domaine de la régression sous hypnose. Les thérapeutes doivent envisager la possibilité d'une survie de l'être et la prendre en compte dans leurs consultations. Ils ne sont pas tous obligés de pratiquer la régression sous hypnose, mais tous devraient se débarrasser de leurs préjugés, partager leurs connaissances avec leurs malades et ne pas rejeter les expériences faites par ceux-ci.

Les hommes sont actuellement ravagés par la peur de mourir : le sida, l'holocauste nucléaire, le terrorisme, les maladies incurables et quelques autres catastrophes pèsent au-dessus de leur tête comme l'épée de Damoclès. De nombreux adolescents vivent dans la hantise qu'ils ne dépasseront pas vingt ans. Crainte incroyable mais reflétant l'angoisse épouvantable qui étreint notre société.

Sur le plan individuel, la réaction de Minette aux messages de Catherine est encourageante. Minette a gagné en force d'âme et recouvré l'espoir, face à de terribles souffrances physiques et à l'amoindrissement de ses facultés.

Ces messages ne sont pas uniquement destinés aux mourants mais à tous les hommes. De même que l'espoir. Il faut qu'un nombre de plus en plus grand de médecins et de scientifiques confirment les messages d'autres Catherine et se chargent de les diffuser. Ils contiennent les réponses à toutes nos questions. Nous sommes immortels. Nous vivrons toujours ensemble.

12

Trois mois et demi s'étaient écoulés depuis notre dernière séance d'hypnose. Non seulement les troubles de Catherine avaient virtuellement disparu mais elle avait largement dépassé le stade de la guérison. Elle rayonnait d'une énergie sereine qui attirait les gens. Quand nous déjeunions à la cafétéria, hommes et femmes s'empressaient de se joindre à nous. « Vous êtes si belle ; c'est tout ce que je voulais vous dire », murmuraient-ils. Comme des poissons, ils mordaient à l'hameçon invisible que leur tendait Catherine alors que, pendant des années, elle avait pris ses repas dans cette même cafétéria, au milieu de l'indifférence générale.

Comme d'habitude, elle entra tout de suite dans un profond sommeil hypnotique. Dans la pénombre de mon bureau, ses cheveux blonds se répandaient sur l'oreiller beige.

— Je vois un édifice... en pierre, surmonté d'une flèche. Je suis dans un décor montagneux. Le climat est très humide... Un chariot transporte du foin ou de la paille, du fourrage pour animaux, en tout cas. Des hommes l'escortent. Ils brandissent une bannière aux couleurs vives qui flotte au vent. Je les entends parler des Maures. Le pays est en guerre. Ils portent un casque de métal qui leur protège la tête. Nous sommes en 1483. Il me semble qu'il est aussi question des Danois. Sommes-nous en guerre contre les Danois ?

Je lui demandai si elle se reconnaissait dans cette scène.

— Pas pour le moment, répondit-elle à voix basse. Je vois ce chariot avec ses deux roues et sa partie arrière ouverte. Les côtés, faits de lattes de bois, peuvent s'ouvrir eux aussi. Les hommes portent au cou un pendentif métallique en forme de croix, mais l'extrémité des branches est arrondie. C'est la fête d'un saint patron... Je vois des épées. Ils sont munis d'épées ou de longs poignards qui semblent très lourds... Ils se préparent au combat...

Je lui demandai de nouveau de rechercher son personnage dans cette scène.

— Regardez autour de vous. Vous êtes peut-être un de ces soldats. D'où les voyez-vous ?

— Je ne suis pas un soldat, assura-t-elle.

— Regardez mieux.

— J'ai apporté des provisions. Nous sommes dans un village.

Elle s'interrompit.

— Que voyez-vous maintenant ? insistai-je.

— Une bannière, rouge et blanche, ou plutôt blanche marquée d'une croix rouge...

— Est-ce le drapeau de votre communauté ?

— C'est la bannière des soldats du roi.

— Vous avez donc un roi ?

— Oui.

— Connaissez-vous son nom ?

— Je ne l'entends pas prononcer ici. Il n'est pas parmi nous.

— Pouvez-vous décrire vos vêtements ?

— Je porte une courte tunique de cuir par-dessus une chemise d'étoffe très grossière, et des bottes. Non, des mocassins taillés dans la peau d'un animal. Personne ne m'adresse la parole.

— Je comprends. Quelle est la couleur de vos cheveux ?

— Ils sont blonds mais ils grisonnent, car je suis vieux.

— Que pensez-vous de cette guerre ?

— Je m'y suis habitué. J'ai perdu un enfant dans une escarmouche.

— Un fils ?

— Oui.

Sa voix était triste.

— Vous reste-t-il de la famille ?

— J'ai encore ma femme et ma fille.

— Comment s'appelait votre fils ?

— Je ne sais plus mais je me souviens de lui. Je vois ma femme.

Catherine s'était réincarnée dans les deux sexes de nombreuses fois. Sans enfant dans sa vie actuelle, elle en avait engendré beaucoup dans ses vies précédentes.

— Comment est votre femme ?

— Elle a l'air fatigué, très fatigué. Elle est âgée. Nous avons des chèvres.

— Votre fille vit-elle toujours avec vous ?

— Non. Elle s'est mariée il y a peu de temps.

— Vous vivez seul avec votre épouse ?

— Oui.

— Quel genre de vie avez-vous ?

— Une vie difficile. Nous sommes très pauvres et fatigués.

— Vous avez perdu votre fils. Vous manque-t-il encore ?

— Oui, répondit-elle avec un chagrin manifeste.

— Êtes-vous fermier ? demandai-je pour changer de sujet.

— Oui. Je cultive le froment.

— Avez-vous vu plusieurs guerres dans ce pays ? Avez-vous connu d'autres drames ?

— Oui.

— Vous avez pourtant survécu.

— Ils ne se battent pas dans le village, expliqua Catherine. Ils partent et vont se battre de l'autre côté des montagnes.

— Connaissez-vous le nom du pays que vous habitez ? De cette ville au moins ?

— Elle doit en avoir un, mais je ne le vois pas.

— Est-ce une époque de grande foi ? Vous dites que vous voyez des croix sur la bannière des soldats ?

— Pour les autres, oui. Pas pour moi.

— À part votre femme et votre fille, y a-t-il d'autres survivants dans votre famille ?

— Aucun.

— Vos parents aussi ont été tués ?

— Oui.

— Vos frères aussi ? Vos sœurs ?

— Il me reste une sœur. Je ne la reconnais pas, ajouta-t-elle en faisant allusion à sa vie actuelle.

— Bien. Voyons si vous reconnaissez quelqu'un parmi les villageois ou au sein de votre famille ?

Si les êtres humains se réincarnent en groupe, Catherine devrait reconnaître ceux – ou celles – qui jouaient un rôle dans son existence actuelle.

— Je vois une table de pierre et des écuelles.

— Est-ce votre maison ?

— Oui. Il y a sur la table une nourriture jaunâtre… faite avec du blé. Nous en mangeons…

J'essayai de précipiter le cours des choses.

— Bien. Cette existence a été très pénible pour vous. À quoi pensez-vous ?

— À des chevaux, chuchota-t-elle.

— Avez-vous vos propres chevaux ? Ou appartiennent-ils à quelqu'un d'autre ?

— Ils sont aux soldats, du moins à certains d'entre eux. La plupart des soldats vont à pied mais ce ne sont pas vraiment des chevaux. Ce sont des ânes et ils sont sauvages.

— Avancez dans le temps, ordonnai-je. Vous êtes très âgé. Essayez de revivre vos derniers instants.

— Je ne suis pas très âgé, objecta-t-elle.

Quand elle revivait ses vies antérieures, Catherine n'était en rien influençable. Je ne pouvais la détacher des souvenirs qu'elle revivait, ni la convaincre de modifier un seul détail de ses souvenirs. On ne pouvait retoucher la réalité.

— Viviez-vous d'autres événements marquants dans cette vie ? demandai-je en tentant de changer de perspective. C'est important pour nous.

— Non, dit-elle froidement. Rien de significatif.

— Alors laissez cette incarnation et avancez dans le temps. Cherchez ce que vous deviez apprendre. Le savez-vous ?

— Non. Je suis toujours à la même époque.

— Je sais.

Quelques minutes s'écoulèrent.

— Voyez-vous quelque chose ?

— Je flotte, répondit-elle de sa voix basse.

— Avez-vous abandonné ce personnage ?

— Oui. Je flotte...

— Bien. Reposez-vous.

Il y eut un moment de silence. Puis Catherine parut soudain attentive et se mit à parler d'une voix sonore et profonde qui n'était plus la sienne. ✳✳✳

— Il y a sept plans en tout. Sept, chacun d'eux comportant plusieurs niveaux. Parmi ces sept plans, il y a celui du souvenir où les êtres humains peuvent revoir leur vie passée et y réfléchir. Ceux qui hantent les plans supérieurs peuvent même voir se dérouler l'histoire. Ils peuvent aussi nous communiquer leurs informations mais, nous autres, des plans inférieurs, nous ne pouvons que revoir notre propre existence.

» Nous avons des dettes à régler. Si nous ne les honorons pas elles se représentent dans une prochaine vie... jusqu'à ce qu'elles soient payées. Nous progressons en payant nos dettes. Certaines âmes progressent plus vite que d'autres. En réglant nos dettes dans le monde physique, nous pouvons avancer spirituellement. Si, pour une raison ou une autre, nous ne pouvons les régler, nous sommes obligés de regagner le plan du souvenir et d'y attendre la visite de l'âme à qui nous devons quelque chose. Nous ne retournons sur terre qu'ensemble et au même moment. Les âmes décident du moment où elles retournent sur le plan terrestre. Elles choisissent aussi comment elles paieront leurs dettes. Sur le plan du souvenir, nous ne nous rappelons que notre précédente incarnation... Jamais les plus lointaines. Seules les âmes qui vivent dans les plans supérieurs – celles des sages – sont autorisées à contempler le déroulement de l'histoire et des événements passés... afin de nous venir en aide, de nous montrer ce que nous devons faire.

» Il y a sept plans... que nous devons traverser avant de retourner sur terre. Il y a un plan intermédiaire : celui de l'attente, juste après la mort physique. On y décide de ce qu'on emportera avec soi dans la vie suivante... un trait dominant, par exemple la cupidité ou la sensualité, mais qui nous est nécessaire pour régler nos dettes et dont nous devons triompher. Sinon, ce fardeau sera encore alourdi à l'avenir et deviendra de plus en plus pesant. Les dettes impayées s'accumulent d'une vie à l'autre. Payez-les et l'existence vous deviendra facile car vous la choisirez. Vous en deviendrez responsable.

Catherine se tut.

Manifestement, ce n'était pas un Maître qui venait de parler. Il s'était identifié à ceux « des plans inférieurs », opposés aux âmes hautement évoluées, aux « sages », mais l'information était claire et précise. Je m'interrogeai sur les caractéristiques des cinq autres plans. Les phases de renouvellement, de formation et de décision en faisaient-elles partie ? Tous les messages communiqués par ces âmes qui habitaient les différentes sphères spirituelles reflétaient la même sagesse. Le discours, le style, la grammaire, de même que le ton et le vocabulaire pouvaient varier, mais le contenu demeurait cohérent. J'étais en train d'acquérir une formation spirituelle portant sur l'amour et l'espoir, la foi et la charité, m'expliquant la raison d'être des vertus et des vices, des dettes contractées envers les autres et envers soi-même. Cette formation englobait les vies antérieures et les plans spirituels où demeurait l'âme entre deux vies. Son sujet ? L'évolution de l'âme par l'harmonie, l'équilibre, l'amour et la sagesse, évolution qui menait à une union mystique et extatique avec Dieu.

J'avais reçu beaucoup de conseils pratiques chemin faisant : j'avais appris à apprécier la patience et l'attente, à trouver la sagesse dans l'équilibre naturel, à vaincre la peur, surtout celle de la mort, à faire confiance et à pardonner, à ne pas juger les autres, à respecter toute vie, à développer et à utiliser mon intuition et, le plus important, à me convaincre de notre immortalité. Nous qui vivons par-delà la vie et la mort, par-delà l'espace et le temps, nous qui sommes des dieux.

— Je flotte toujours, me dit doucement Catherine.

— Dans quel état vous trouvez-vous maintenant ?

— Aucun... Je flotte... Edward me doit quelque chose... Oui, il me doit quelque chose.

— Savez-vous ce qu'il vous doit ?

— Non... enfin, il s'agit de renseignements... Il a quelque chose à me dire au sujet de l'enfant de ma sœur.

— De l'enfant de votre sœur ? répétai-je.

— Oui... C'est une fille qui s'appelle Stéphanie.

— Stéphanie ? Que voulez-vous apprendre sur elle ?

— J'ai besoin de savoir comment entrer en contact avec elle.

Catherine ne m'avait jamais parlé de sa nièce auparavant.

— Êtes-vous très liées ? demandai-je.

— Non, mais elle voudra tout savoir sur eux.

— Qui, eux ?

Je ne comprenais pas où elle voulait en venir.

— Ma sœur et son mari. Je suis le lien entre eux et Stéphanie. C'est Edward qui possède les renseignements. Le père de Stéphanie est médecin. Il exerce quelque part dans le sud du

Vermont. Il me donnera les renseignements en temps voulu.

J'appris plus tard que la sœur de Catherine et son futur mari avaient fait adopter leur bébé. Ils étaient alors adolescents et célibataires. C'était l'Église qui avait organisé l'adoption. On ne leur avait donné aucun renseignement sur la nouvelle famille de l'enfant.

— Certainement, dis-je. En temps voulu.

— Oui. Edward me le dira.

— Que doit-il encore vous apprendre ?

— Je l'ignore mais je sais qu'il me doit quelque chose. Oui. J'ignore de quoi il s'agit mais je suis sûre de sa dette envers moi.

— Êtes-vous fatiguée ?

— Je vois une bride, chuchota-t-elle. Tout un attirail d'équitation sur le mur. Une bride... et une couverture qui gît dans la stalle.

— Êtes-vous dans une ferme ?

— Il y a des chevaux. Beaucoup de chevaux.

— Que voyez-vous d'autre ?

— Des arbres. Beaucoup d'arbres à fleurs jaunes. Mon père est là. Il s'occupe des chevaux.

Je me rendis compte que c'était un enfant qui parlait.

— Comment est-il physiquement ?

— Très grand avec des cheveux gris.

— Vous voyez-vous auprès de lui ?

— Oui. Je suis une enfant, une petite fille.

— Votre père est-il le propriétaire de ces chevaux ou est-il payé pour en prendre soin ?

— Il s'en occupe. Nous vivons tout près.

— Aimez-vous les chevaux ?

— Oui.

— Avez-vous un préféré ?

— Oui. Mon cheval. Il s'appelle Pomme.

Je me rappelais que dans l'existence où elle portait le nom de Mandy, elle avait aussi un cheval qui s'appelait Pomme. Revivait-elle l'existence que nous avions déjà évoquée ? La considérait-elle d'un autre point de vue ?

— Pomme… c'est cela. Votre père vous laisse-t-il monter Pomme ?

— Non, mais je peux lui donner à manger. C'est lui qui tire la voiture du maître. Il est très grand. Il a de gros sabots et si on ne fait pas attention, il peut nous piétiner.

— Qui d'autre est avec vous ?

— Ma mère. Et aussi ma sœur, qui est plus grande que moi. Je ne vois personne d'autre.

— Que voyez-vous maintenant ?

— Seulement des chevaux.

— Êtes-vous heureuse ?

— Oui. J'aime l'odeur du foin dans l'écurie. Elle donnait un luxe de détails.

— Sentez-vous celle des chevaux ?

— Oui… Ils ont une expression si douce. Il y a aussi des chiens… des chiens noirs et des chats… Beaucoup d'animaux. Les chiens servent à la chasse. Quand les maîtres vont chasser le canard sauvage, les chiens les accompagnent...

— Que vous arrive-t-il ensuite ?

— Rien.

Ma question était trop vague.

— Passez-vous votre enfance dans cette ferme ?

— Oui. (Elle s'interrompit brièvement, comme troublée.) L'homme qui s'occupe des chevaux n'est pas vraiment mon père. (Que voulait-elle dire ?) Non, ce n'est pas mon véritable père, mais c'est un père pour moi. Un deuxième père. Il est toujours très gentil avec moi. Il a des yeux verts.

— Regardez-le dans les yeux... le reconnaissez-vous ? Il est bon. Il vous aime.

— C'est mon grand-père. Oui. Il nous aimait beaucoup. Il nous emmenait souvent avec lui et nous payait des sodas. Il nous aimait beaucoup.

Ma question l'avait transportée brutalement hors de cette incarnation passée dans un état de superconscience aiguë. C'était sa vie actuelle qu'elle examinait maintenant. Elle se souvenait de ses relations avec son grand-père.

— Vous manque-t-il encore ? demandai-je.

— Oui, avoua-t-elle avec douceur.

— Vous avez donc vécu avec lui auparavant ?

J'essayai par cette explication d'atténuer sa douleur.

— Il était très bon pour nous. Il nous aimait. Il ne se mettait jamais en colère. Il nous donnait de l'argent et nous emmenait avec lui très souvent. Puis il est mort.

— Vous le retrouverez. Vous le savez, n'est-ce pas ?

— Oui. Nous nous sommes déjà connus. Il n'était pas comme mon père. Ils étaient si différents tous les deux.

— Pourquoi l'un vous aimait-il tant et montrait-il tant de gentillesse alors que l'autre vous rudoyait ?

— Parce que mon grand-père avait payé ses dettes. Il avait appris à vivre. Pas mon père. Il était revenu sur terre.... sans avoir rien compris. Il lui faudra revenir encore.

— Oui. Il lui faut apprendre à aimer, à prendre soin des autres.

Elle acquiesça.

— Quand on ne comprend pas cela, continuai-je, on traite les enfants comme sa propriété et non comme des créatures dignes d'amour.

Elle acquiesça encore.

— C'est ce que votre père doit apprendre.

— Oui.

— Votre grand-père, lui, le savait déjà...

— Je sais, coupa-t-elle. Nous avons tellement d'étapes à parcourir quand nous vivons sur le plan plysique... Autant que dans les autres domaines d'évolution. Nous devons franchir d'abord les étapes de la petite enfance, être un nouveau-né, puis un bébé, puis un enfant... Notre but est si lointain. Les étapes du plan physique sont difficiles. En revanche, celles du plan astral sont faciles. Nous nous reposons et nous attendons.

— Combien le monde astral comporte-t-il de plans ?

— Sept, répondit-elle.

— Quels sont ces plans ? demandai-je pour obtenir la confirmation des renseignements donnés au cours de la séance précédente.

— Je n'en connais que deux. Le plan intermédiaire et celui du souvenir.

— Je les connais aussi.

— Nous connaîtrons les autres plus tard.

— Nous avons appris les mêmes choses ensemble, observai-je. Tout ce qui concerne les dettes, par exemple. C'est important.

— Je me rappellerai ce dont je dois me rappeler, assura-t-elle d'un ton mystérieux.

— Vous souviendrez-vous de ces plans ?

— Non. Ils sont moins importants pour moi que pour vous.

Cette remarque m'était familière. L'enseignement m'était destiné. Pour aider Catherine bien sûr, pour m'aider à évoluer, mais il y avait autre chose. Un dessein que je ne pouvais encore discerner.

— Vous paraissez tellement mieux maintenant, continuai-je. Vous évoluez si vite.

Elle était d'accord avec moi.

— Pourquoi les gens sont-ils attirés vers vous ?

— Parce que je me suis libérée de bien des peurs et que je peux les aider. Ils cèdent à une force d'attraction métapsychique.

— Pouvez-vous maîtriser les conséquences de cette attirance ?

Elle me répondit avec beaucoup d'assurance qu'elle n'avait aucune crainte.

— Bien. Je vous aiderai.

— Je sais, répondit-elle. Vous êtes mon professeur.

13

Les troubles dont souffrait Catherine avaient disparu. Sa santé était excellente. Comme elle revivait les mêmes incarnations, je me doutais que nous approchions de la fin de notre expérience. Pourtant, j'ignorais encore, en ce jour d'automne, alors qu'elle se préparait à sombrer dans le sommeil hypnotique, que cinq mois s'écouleraient avant notre prochaine – et dernière – séance.

— Je vois des sculptures, commença-t-elle, certaines sont en or, d'autres en argile. Des potiers sont à l'œuvre. Ils utilisent une matière rouge... Il y a aussi un bâtiment brun...

— Êtes-vous à l'intérieur ou à l'extérieur ?

— À l'intérieur. Nous fabriquons des objets.

— Vous voyez-vous dans cette scène ? Pouvez-vous décrire vos vêtements ? votre apparence ? votre allure ?

— Je suis vêtue d'une longue tunique rouge. J'ai de drôles de sandales et des cheveux bruns. Je confectionne une figurine. C'est une petite statue d'homme avec une canne, ou une baguette, à la main. Les autres travaillent le métal.

— Êtes-vous dans une manufacture ?

— Je suis dans un bâtiment de pierre. C'est tout ce que je puis dire.

— Cette figurine, qui représente-t-elle ?

— Un gardien de troupeaux. Il y a beaucoup de statuettes semblables autour de moi. Elles ont toutes le même aspect. La matière est curieuse, difficile à travailler car elle s'effrite.

— Comment l'appelez-vous ?

— Je ne sais pas. C'est une matière rouge. C'est tout.

— Que fera-t-on de ces statuettes ?

— Elles seront vendues au marché. Certaines à la noblesse. Seules les plus belles pièces seront données à de grands personnages. Tout le reste sera vendu.

— Rencontrez-vous parfois des nobles ?

— Jamais.

— C'est votre profession de fabriquer ces statuettes ?

— Oui.

— L'aimez-vous ?

— Oui.

— L'exercez-vous depuis longtemps ?

— Non.

— Êtes-vous douée pour ce travail ?

— Pas très, mais je n'en suis qu'au stade de l'apprentissage.

— Vivez-vous encore avec vos parents ?

— Je ne sais pas. Je vois des boîtes brunes.

— Des boîtes brunes ? répétai-je.

— Avec de petites ouvertures – comme des portes – où une statuette est assise. Ces boîtes sont en bois. Nous fabriquons les statuettes pour les mettre dans ces boîtes.

— Quel est le rôle de ces statuettes ?

— Un rôle religieux.

— De quelle religion s'agit-il ?

— Il y a de nombreux dieux qui nous protègent car les gens ont très peur. Nous confectionnons beaucoup d'objets dans cet endroit. Des jeux par exemple... Des damiers avec des trous où l'on place des têtes d'animaux.

— Que voyez-vous d'autre ?

— Il fait très chaud. Il y a de la poussière et du sable.

— Voyez-vous de l'eau autour de vous ?

— Oui. Elle descend des montagnes.

Cette incarnation me semblait familière.

— Vous dites que les gens ont peur. Sont-ils superstitieux ?

— Oui. Ils ont très peur. Tout le monde a peur. Moi aussi. Nous devons nous protéger.

Il y a une épidémie. Oui, nous devons nous protéger.

— Quel genre d'épidémie ?

— Un mal qui tue tout le monde. Beaucoup de gens meurent.

— Ce mal vient-il de l'eau ?

— Oui. Il y a une grande sécheresse car les dieux sont irrités contre nous.

Elle revivait l'existence où elle faisait des cures de tannin. Je reconnus cette religion de la peur, et ses dieux, Osiris et Hathor.

— Pourquoi sont-ils irrités ? demandai-je en connaissant déjà la réponse.

— Nous avons désobéi à leurs lois. Ils sont en colère.

— Quelles lois ?

— Celles qui nous sont imposées par les nobles.

— Comment pouvez-vous apaiser le courroux des dieux ?

— En portant des amulettes autour du cou. Elles nous protègent du mal.

— Craignez-vous un dieu plus que d'autres ?

— Non. Nous les craignons tous.

— Connaissez-vous leurs noms ?

— Non. Je les vois. C'est tout. L'un d'eux a le corps d'un homme et la tête d'un animal. Un autre ressemble au soleil. Un autre encore à un oiseau… Il est tout noir. Ils ont une corde autour du cou.

— Survivez-vous à cette épidémie ?

— Oui.

— Mais votre famille est touchée ?

— Mon père meurt. Ma mère échappe à la maladie.

— Et votre frère ?

— Mon frère ? Il est mort, se rappela-t-elle.

— Pourquoi survivez-vous ? Avez-vous quelque chose de particulier ? Est-ce grâce à vos actes ?

— Non. (Elle changea de sujet.) Je vois quelque chose qui contient de l'huile.

— Qu'est-ce que c'est ?

— C'est blanc, un peu comme du marbre... Disons de l'albâtre. Oui, un bassin d'albâtre qui contient de l'huile que l'on utilise pour oindre la tête...

— Des prêtres ? suggérai-je.

— Oui.

— Que faites-vous maintenant ? Les aidez-vous à répandre l'huile ?

— Non. Je fabrique des statues.

— Toujours dans le même bâtiment ?

— Non... Des années se sont écoulées... Il s'agit d'un temple.

Elle parut angoissée.

— Quel est votre problème ?

— Quelqu'un dans le temple a offensé les dieux. Je ne sais pas qui...

— Était-ce vous ?

— Non... Je ne vois que des prêtres. Ils s'apprêtent à sacrifier un animal, un mouton. Ils sont chauves et imberbes.

Elle se tut pendant un instant, puis prit soudain un air attentif comme si elle écoutait quelqu'un. Quand elle parla, ce fut d'une voix profonde. Un Maître était avec nous.

— C'est de ce plan que certaines âmes sont autorisées à se manifester à ceux qui sont encore dans l'univers matériel. Elles peuvent revenir vers eux... s'il leur reste un engagement à remplir. Sur ce plan, la communication entre les vivants et les morts est permise. Les âmes peuvent utiliser leurs facultés psychiques pour entrer en contact avec les vivants, et ce de bien des façons. Certaines ont la faculté d'apparaître aux yeux de ceux qui vivent encore sur le plan physique. D'autres ont celle de déplacer les objets. Nous n'allons sur ce plan que lorsque c'est nécessaire. Si nous n'avons pas rempli nos engagements, nous avons la possibilité de communiquer avec les vivants. Rien de plus... jusqu'à ce que nos engagements soient remplis. En cas de mort soudaine, il est fréquent que nous nous rendions sur ce plan. On peut y voir ceux qui nous sont proches et qui vivent toujours dans le monde physique. Mais certains ne veulent pas s'y rendre car ils ont peur.

216

Catherine se tut. Après un moment de repos elle se remit à chuchoter.

— Je vois la lumière.

— Vous donne-t-elle de l'énergie ?

— C'est comme une régénération... une seconde naissance.

— Comment un être matériel peut-il ressentir cette énergie ? Comment peut-il en bénéficier ?

— Par la méditation.

— Comment atteindre cet état ?

— Il faut vous détendre. Vous pouvez vous régénérer grâce à la lumière. Il faut que la détente soit totale, que vous ne dépensiez plus aucune énergie, comme dans le sommeil, alors vous vous régénérez.

— Combien de fois vous êtes-vous incarnée ? Vos vies se sont-elles toutes déroulées sur cette terre, ou bien ailleurs ?

— Toutes ne se sont pas déroulées sur cette terre.

— Quel plan rejoindrez-vous ?

— Ma tâche n'est pas terminée. Je ne peux quitter cette planète avant d'avoir accompli toutes les expériences que la vie offre. J'aurai encore de nouvelles existences... J'en ai besoin pour payer mes dettes et remplir, mes engagements.

— Vous évoluez, pourtant.

— Nous évoluons tous.

— Combien de fois vous êtes-vous incarnée ?

— Quatre-vingt-six fois.

— Quatre-vingt-six fois ?

— Oui.

— Vous souvenez-vous de toutes vos réincarnations ?

— Je m'en souviendrai en temps utile.

Elle avait revécu dix ou douze vies, par fragments plus ou moins longs, et elle commençait à les retrouver. Apparemment, les soixante-quinze autres ne lui étaient d'aucune utilité. À mon avis, elle avait fait des progrès remarquables. En ferait-elle encore ? La réponse à cette question ne dépendrait pas forcément de ses souvenirs d'outre-vie, mais de mon aide.

— Certains atteignent le plan astral en prenant de la drogue, dit-elle à voix basse. Ils sont autorisés à traverser la frontière mais ils ne comprennent pas la nature de leur expérience.

Je ne lui avais posé aucune question sur la drogue. Elle me transmettait ses connaissances, que je les aie ou non sollicitées.

— Pouvez-vous utiliser vos pouvoirs psychiques pour vous aider vous-même à progresser ? demandai-je. Ils semblent se développer régulièrement.

— Oui, admit-elle. C'est important, mais cela le sera encore plus dans les autres plans. Ces pouvoirs font partie de notre évolution et de notre croissance spirituelle.

— Ils sont importants pour vous ou pour moi ?

— Pour tous les deux.

— Comment puis-je les développer ?

— Par des contacts. Certains êtres très évolués sont revenus parmi nous pour apporter la connaissance. Ils recherchent ceux qui commencent à évoluer afin de les aider.

Elle sombra dans un long silence. Puis, abandonnant cet état de superconscience, elle retrouva une autre incarnation.

— Je vois la mer... une maison sur la côte, toute blanche, et des bateaux qui rentrent au port et qui en sortent. Je peux même sentir l'odeur de l'eau.

— Êtes-vous dans cette scène ?

— Oui.

— Décrivez-moi votre maison.

— Elle est petite avec une espèce de tour, et une fenêtre d'où l'on peut voir la mer. Un télescope y est installé, un instrument de cuivre et de bois.

— Utilisez-vous ce télescope ?

— Oui. Je cherche les bateaux.

— Que faites-vous ?

— Je signale les navires marchands lorsqu'ils arrivent au port.

Je me souvins qu'elle avait eu ce genre d'activité dans une de ses vies antérieures, celle de Christian, ce marin qui avait eu la main blessée durant une bataille navale.

Je décidai de m'en assurer.

— Êtes-vous marin ?

— Je ne sais pas... peut-être.

— Pouvez-vous décrire vos vêtements ?

— Oui. Je porte une chemise blanche, un pantalon marron court et des chaussures à boucles... Je deviendrai marin plus tard, mais je ne le suis pas encore.

Elle pouvait voir l'avenir et cette faculté lui fit traverser les années d'un bond.

— Je suis blessée, gémit-elle en se tordant de souffrance. Je suis blessée à la main.

C'était bien Christian revivant une fois encore une scène de bataille.

— Y a-t-il eu une explosion ?

— Oui... Je sens l'odeur de la poudre.

— Vous vous en tirerez, assurai-je, connaissant la suite.

— Beaucoup ont été tués, précisa-t-elle, bouleversée. Les voiles sont déchirées... une partie de la coque a été endommagée. (Elle faisait le bilan des dégâts.) Nous devons réparer les voiles, tout remettre en état.

— Vous remettez-vous vous-même ?

— Oui. C'est difficile de recoudre la toile.

— Pouvez-vous utiliser votre main ?

— Non, mais j'examine les autres voiles. Elles sont taillées dans une toile rugueuse très difficile à travailler.

Elle frémit de douleur.

— Que se passe-t-il ?

— J'ai mal...

— Votre main guérira. Avancez dans le temps. Prenez-vous de nouveau la mer ?

— Oui. (Elle fit une pause.) Nous sommes dans le sud du pays de Galles. Nous devons défendre les côtes.

— Contre qui ?

— Les Espagnols, je crois... Ils ont une immense flotte.

— Que va-t-il arriver ?

— Je vois un bateau, le port, des boutiques dans lesquelles on fabrique des chandelles, d'autres où l'on achète des livres.

— Bien. Entrez-vous parfois dans l'une de ces boutiques ?

— Oui. Je les aime beaucoup. C'est merveilleux, les livres. J'en vois beaucoup. Celui qui a une couverture rouge est un livre d'histoire. Il parle des villes... de notre pays. Il montre des cartes. J'aime ce livre... Dans une autre boutique, on vend des chapeaux.

— Y a-t-il un endroit où vous allez boire ?

— Il y en a plusieurs. On y sert de la bière très foncée avec de la viande – du mouton – et du pain taillé en larges tranches. La bière est très forte, très amère. J'en sens le goût sur mes lèvres. On peut y boire du vin aussi, sur de longues tables de bois...

Comment réagirait-elle si je l'appelais par son nom ?

— Christian ? dis-je avec force.

— Oui ? Que voulez-vous ?

La réponse avait été immédiate et claire.

— Où sont les vôtres, Christian ?

— Ma famille vit dans une ville voisine. Ce port est celui où j'embarque.

— De qui se compose votre famille ?

— J'ai une sœur... qui s'appelle Mary.

— Et votre petite amie ? Où habite-t-elle ?

— Je n'en ai pas. Je n'ai que les femmes du port.

— Vous n'êtes lié à personne ?

— Non... Je reprends la mer. Je combattrai souvent mais je m'en tirerai toujours.

— Vous vieillissez...

— Oui.

— Vous êtes-vous marié ?

— Je le pense. J'ai une alliance au doigt.

— Avez-vous des enfants ?

— Oui. Mon fils sera marin lui aussi... Je vois un anneau en forme de main tenant quelque chose. Je ne sais pas quoi.

Catherine se mit à suffoquer.

— Que vous arrive-t-il ?

— Les hommes à bord sont malades...
À cause de la nourriture. Nous avons mangé
de la viande avariée. Du porc salé.

Elle continuait de suffoquer. Je la priai
d'avancer dans le temps et elle reprit peu à
peu son souffle. Je décidai de ne pas poursuivre jusqu'à l'accident cardiaque du marin.
Elle était déjà épuisée. Je la tirai de son sommeil hypnotique.

14

Nous ne nous revîmes que trois semaines plus tard : Catherine partit en vacances et je souffris d'une brève maladie. Durant cette période, la santé de Catherine demeura florissante mais, dès le début de la séance, elle me parut inquiète. Elle m'annonça qu'elle se sentait si bien dans sa peau qu'elle doutait de la nécessité de poursuivre le traitement sous hypnose. Elle avait raison. Dans des circonstances ordinaires, nous aurions pu mettre fin à la thérapie plusieurs semaines auparavant. Nous avions continué en partie à cause de l'intérêt que je portais aux messages des Maîtres, en partie à cause des troubles mineurs qui persistaient à gêner Catherine dans sa vie quotidienne. Elle était presque guérie et retrouvait les mêmes incarnations. Pourtant, je me demandais si les Maîtres n'avaient rien d'autre à m'apprendre et, dans ce cas, comment communiquer avec eux sans l'intermédiaire de ma patiente ? Je savais qu'elle continuerait les séances si je le lui demandais, mais je ne m'en sentais pas le droit. Avec une certaine tristesse j'acceptai sa décision. Nous bavardâmes des événements qui s'étaient déroulés durant ces trois semaines mais, en ce qui me concernait, le cœur n'y était pas.

Cinq mois s'écoulèrent. L'état de Catherine resta stable. Ses peurs et ses angoisses avaient presque totalement disparu. Sa qualité de vie et ses rapports avec les autres s'étaient incroyablement améliorés. Elle n'avait pas rompu avec Stuart mais il n'était plus le seul homme dans sa vie. Pour la première fois depuis son enfance, elle ressentait une véritable joie de vivre. Nous nous rencontrions parfois dans le hall ou à la cafétéria de l'hôpital, mais je n'avais plus avec elle de relations professionnelles.

L'hiver passa et ce fut le printemps. Catherine prit rendez-vous avec moi. Elle avait fait plusieurs fois le même rêve où elle assistait à un sacrifice religieux dans une fosse aux serpents. Des êtres humains – dont elle faisait partie – y étaient jetés. Elle tentait de s'échapper de cette fosse en grimpant le long des parois sablonneuses. Sous elle, les serpents sifflaient. À ce stade du rêve, elle s'éveillait, le cœur battant la chamade.

Malgré cette longue interruption, Catherine retomba très vite dans le sommeil hypnotique et, bien sûr, retrouva instantanément une ancienne incarnation.

— Il fait très chaud là où je suis, commença-t-elle. Je vois deux Noirs debout près des murs humides et sombres. Ils ont une corde avec des glands et des perles de verroterie nouée autour des chevilles et portent sur leur tête une sorte de coiffe. Ils construisent un entrepôt de pierre et d'argile où ils mettront des stocks de froment. Les grains sont apportés sur des chariots avec des roues en fer. Des nattes tressées tapissent les chariots. Je vois de l'eau, très bleue. Un responsable donne des ordres. Il y a trois marches pour descendre dans l'entrepôt. Il y a aussi la statue d'une divinité à l'extérieur. Cette statue a la tête d'un oiseau et le corps d'un homme. C'est le dieu des saisons. Les murs sont enduits de goudron pour empêcher l'air de rentrer et protéger le grain. J'éprouve des démangeaisons au visage... J'ai des perles de verre bleu dans mes cheveux. Des mouches volent autour de moi. Elles me piquent au visage et aux mains. Je me passe un produit gluant sur la peau pour me protéger... Il sent mauvais : c'est la sève d'un arbre.

» Mes cheveux sont tressés et entremêlés de perles de verre et de fils d'or. Ils sont très noirs. Je fais partie de la maison royale. Aujourd'hui est jour de fête. Nous remercions le dieux des moissons. Les prêtres reçoivent l'onction et je suis venue assister à la cérémonie. On va sacrifier des animaux. Pas des hommes. Le sang des offrandes coule de l'autel de marbre blanc dans un bassin... Il coule dans la gueule d'un serpent. Les hommes portent des petits chapeaux dorés. Nous avons tous la peau foncée. Nos esclaves viennent d'au-delà des mers...

Elle s'interrompit et nous attendîmes tous les deux, comme auparavant.

— Tout va si vite... tout est si compliqué... Ils me parlent de changement, de maturation et de différents plans... Il y a le plan intermédiaire et le plan de la conscience de soi. Quand nous quittons la vie nous passons dans une autre dimension, si les leçons de cette vie ont été assimilées. Nous devons comprendre nos actes sinon nous ne sommes pas autorisés à progresser. Nous devons revivre les mêmes expériences jusqu'à ce que nous les ayons comprises. <u>Nous devons apprendre à donner tout en comprenant ceux qui ne savent que prendre</u>... Il y a tant à apprendre et les âmes sont si nombreuses. Les Maîtres... dispensent le même enseignement sur ce plan.

Catherine se tut et le Maître poète lui succéda. C'est à moi qu'il s'adressa.

— Ce que nous vous disons a une utilité immédiate. Vous devez maintenant utiliser votre intuition pour apprendre.

Au bout d'un moment, la voix de Catherine se fit entendre.

— Les tombes sont à l'intérieur d'une clôture de bois noir. Il y a la vôtre parmi elles.

— La mienne ?

Je m'étonnai de cette vision.

— Oui.

— Pouvez-vous lire l'inscription ?

— Voici le nom « Noble » et les dates « 1668-1724 ». Il y a une fleur sur la tombe... Nous sommes en France ou en Russie. Vous portiez un uniforme rouge... et vous avez été désarçonné... Je vois un anneau d'or avec une tête de lion. C'est un insigne...

Je n'appris rien de plus. J'interprétai l'intervention du Maître comme un avertissement. Il n'y aurait plus de séances d'hypnose avec Catherine, et ce fut en effet la dernière. La thérapie était terminée et j'avais appris tout ce que je pouvais apprendre par cette méthode. À l'avenir, je devais compter sur ma seule intuition.

15

Deux mois après notre dernière séance, Catherine m'appela pour prendre rendez-vous, sous prétexte qu'elle avait quelque chose d'intéressant à m'apprendre.

Je fus surpris quand je la vis pénétrer dans mon bureau, souriante et heureuse, rayonnante de paix intérieure. Pendant quelques secondes, je comparai l'ancienne Catherine à la nouvelle, et m'émerveillai d'une transformation aussi rapide. Elle était allée consulter une astrologue connue, spécialisée dans la lecture des vies antérieures : Iris Saltzman. Je m'en étonnai un peu mais je compris la curiosité de mon ex-patiente et son désir de préciser les informations qui lui avaient été communiquées. Il lui avait fallu beaucoup de confiance en soi pour le faire, et je m'en réjouissais.

C'est une amie qui lui avait parlé d'Iris. Elle avait pris rendez-vous avec celle-ci, sans toutefois lui parler de notre expérience.

Iris lui avait simplement demandé l'heure, et ses date et lieu de naissance. À partir de ces données, expliqua-t-elle, elle allait établir une carte astrologique qui lui permettrait, grâce à ses dons parapsychiques de retrouver en détail les vies passées de Catherine.

C'était la première fois que Catherine consultait une voyante et elle ne savait à quoi s'attendre. À son grand étonnement, Iris confirma la plupart des découvertes faites sous hypnose.

Iris entra peu à peu dans un état second et annota la carte du ciel édifiée à la hâte. Un instant plus tard, elle porta la main à sa gorge et annonça que Catherine avait eu la gorge tranchée dans une existence antérieure, au cours d'une guerre, plusieurs siècles auparavant. Iris avait vu également un village en flammes et Catherine sous les traits d'un jeune homme.

Le regard de la voyante devint vitreux lorsqu'elle décrivit l'incarnation suivante : un jeune marin, portant des pantalons foncés courts et des souliers à boucles. Elle se prit la main gauche, déchirée par une douleur fulgurante. L'écharde d'acier qui venait de pénétrer dans sa chair devait laisser une cicatrice indélébile au marin, qui connaîtrait d'autres batailles navales au large des côtes anglaises.

Après cette vie consacrée à la mer, Iris décrivit d'autres fragments d'existences antérieures vécues par Catherine. Celle-ci avait vécu à Paris sous les traits d'un jeune garçon mort prématurément. Au sud-ouest de la côte de Floride, elle avait été une guérisseuse indienne qui marchait pieds nus. Elle avait le teint foncé et un regard étrange. Douée de voyance, elle soignait les blessures à l'aide d'onguents et d'herbes médicinales. Elle aimait beaucoup les bijoux de lapis-lazuli qu'elle mêlait aux pierres rouges.

Dans une autre incarnation, Catherine avait été prostituée en Espagne. Son nom commençait par un « L » et elle vivait avec un homme plus âgé qu'elle.

Elle avait aussi été la fille illégitime d'un noble très riche. Iris décrivit le blason de la famille sur les chopes utilisées dans la demeure, et dit que Catherine était alors très belle, avec de longs doigts fins. Elle jouait de la harpe et avait fait un mariage de convention. Elle aimait les animaux, en particulier les chevaux, et les traitait mieux que son entourage.

Elle avait connu une fin précoce sous l'apparence d'un jeune Marocain et s'était livrée à des pratiques magiques à Haïti.

Elle avait vécu dans l'Égypte pharaonique où elle accomplissait les rites funéraires. Ses cheveux étaient nattés.

Elle avait vécu plusieurs fois en France et en Italie. À Florence, elle s'était occupée de religion. En Suisse, elle avait eu deux fils mais vivait dans un monastère. Elle aimait l'or et portait une croix de ce métal précieux. En France, elle avait été emprisonnée dans un cachot froid et humide.

Iris vit Catherine sous les traits d'un homme en uniforme rouge, chamarré d'or, entouré de chevaux et de soldats. Un Russe, sans doute. Elle la vit aussi en esclave nubien dans l'Égypte antique, capturé et jeté en prison. Dans une autre vie, elle avait été un lettré japonais travaillant parmi les livres et qui vécut très vieux.

Enfin, elle découvrit une incarnation plus récente : un soldat allemand tué pendant la guerre.

L'exactitude et la précision de ces descriptions me fascinèrent. Les similitudes avec les découvertes de Catherine sous hypnose me parurent étonnantes : la main blessée de Christian au cours du combat naval, la description de ses vêtements et de ses souliers, Louisa, la prostituée espagnole, Aronda et les rites funéraires égyptiens, Johan, le jeune guerrier qui s'était fait trancher la gorge par une incarnation de Stuart, pendant que son village brûlait, Éric, le pilote condamné, etc.

Il existait aussi plusieurs points communs avec l'existence actuelle de Catherine. Par exemple, son goût pour les pierres bleues, en particulier le lapis-lazuli bien qu'elle n'en portât pas le jour de sa consultation chez Iris. Son amour des animaux, surtout les chevaux et les chats, avec qui elle se sentait plus à l'aise qu'avec ses semblables. Florence était, en outre, sa ville de prédilection.

Il ne me viendrait certes pas à l'idée de considérer cette expérience comme une expérience scientifique valable. Je n'avais aucun moyen d'en vérifier les données, mais elle me parut si importante que j'ai tenu à la relater.

Je ne sais pas vraiment ce qui s'est passé ce jour-là. Iris a-t-elle télépathiquement « lu » ces incarnations passées dans l'inconscient de Catherine ? A-t-elle pu les discerner grâce à ses dons de voyance ? Quoi qu'il en soit, les deux femmes avaient obtenu les mêmes informations par des moyens différents. Ce que Catherine avait découvert par la régression sous hypnose, Iris l'avait deviné par ses facultés médiumniques.

Très peu de gens sont capables de faire ce qu'a accompli Iris. Beaucoup de prétendus voyants se contentent de jouer de la peur et de la curiosité de leurs clients vis-à-vis de l'inconnu. Les imposteurs et les truqueurs sont légion. Le succès de livres tels que le célèbre *Out on a Limb* (*L'amour foudre*, éd. J'ai lu) de Shirley Mac Laine a mis à la mode les « channels », c'est-à-dire les médiums qui entrent en transe. Beaucoup voyagent d'une ville à l'autre en faisant leur propre publicité et, une fois en état second devant un public impressionné et ravi, ils accumulent les banalités du genre : « Si vous n'êtes pas en harmonie avec la nature, la nature ne sera pas en harmonie avec vous. » Ces déclarations sont en général faites d'une voix tout à fait différente de celle qu'ils utilisent normalement, et souvent empreinte d'un quelconque accent étranger. Leurs messages sont vagues et peuvent convenir à n'importe qui. Il est question le plus souvent de dimensions spirituelles, qui sont évidemment bien difficiles à évaluer. Pour que ce domaine ne soit pas discrédité, il serait important de distinguer le vrai du faux, et de confier cette tâche à des spécialistes reconnus des sciences du comportement. Des psychiatres devraient se charger de débusquer les malades mentaux, les imposteurs et autres sociopathes. Les statisticiens, les psychologues et les physiciens devraient avoir eux aussi leur mot à dire dans l'appréciation de ces phénomènes.

Seule une méthodologie scientifique nous permettra de progresser véritablement dans ce domaine. En science, on avance d'abord une hypothèse – c'est-à-dire une supposition préliminaire – pour expliquer un phénomène, ensuite on la soumet à différentes épreuves, dans des conditions rigoureusement contrôlées.

Les résultats de ces expériences doivent être prouvés et reproduits avant toute élaboration théorique. Dès que les scientifiques croient avoir fondé une théorie, ils doivent en démontrer la validité à leurs confrères qui la vérifieront à leur tour. Les résultats devront être évidemment identiques.

Les études détaillées, scientifiquement acceptables, menées par les Drs Joseph B. Rhine de l'université de Duke, Ian Stevenson de l'université de Virginie, Gertrude Schmeidler de l'université de New York et bien d'autres encore sont là pour prouver que c'est possible.

16

Presque quatre années se sont écoulées depuis cette incroyable expérience. Catherine et moi avons profondément changé.

Il lui arrive de passer à mon bureau pour me dire bonjour et discuter d'un problème. Elle n'a jamais ressenti ni le besoin ni le désir de repartir, sous hypnose, à la découverte de ses vies antérieures ou de découvrir, parmi son entourage, ceux qui avaient déjà vécu auprès d'elle. Notre travail est terminé. Catherine est libre de profiter de la vie. Elle n'est plus handicapée par des troubles angoissants. Elle a découvert en elle un sens du bonheur et une joie de vivre qu'elle n'avait jamais soupçonnés. Elle ne craint plus ni la maladie ni la mort. Depuis qu'elle à retrouvé l'équilibre et qu'elle vit en accord avec elle-même, elle a trouvé un sens et un but à son existence. Elle rayonne d'une paix intérieure que beaucoup désirent atteindre mais que bien peu connaissent. Pour elle, tout ce qu'elle a découvert est vrai ; elle ne doute pas un instant de l'authenticité de notre expérience et l'accepte comme une partie d'elle-même. Elle n'est pas intéressée par l'étude des phénomènes supranormaux car elle est convaincue qu'elle « sait », d'une façon qui ne peut s'apprendre ni par les livres, ni par les conférences. Les mourants, ou ceux qui ont un mourant parmi leurs proches, recherchent sa compagnie. Elle les attire, semble-t-il, et il lui suffit de leur parler pour leur apporter un peu de réconfort.

Ma vie n'a pas changé dans les mêmes proportions. Je suis devenu plus intuitif, plus conscient de la personnalité secrète, cachée, de mes malades, de mes collègues ou de mes amis. Je m'aperçois que j'en sais plus sur leur compte que je ne le devrais. Mes valeurs et mes buts se sont modifiés. J'accorde davantage d'importance au côté humain qu'au côté matériel. Les voyants, les médiums et les guérisseurs sont de plus en plus nombreux dans mon entourage et, peu à peu, j'apprends à évaluer leurs capacités. Carole a subi une évolution similaire. Elle est particulièrement douée pour apporter une aide morale aux malades qui se savent condamnés, et dirige des groupes de soutien à ceux qui meurent du sida.

Récemment, je me suis mis à pratiquer la méditation, technique qui me paraissait auparavant réservée aux Californiens et aux Hindous. Ma vie quotidienne est tout imprégnée des leçons que m'a transmises Catherine. Comme je n'oublie jamais que la mort et la vie ont un sens profond, je suis devenu plus patient, plus aimant, plus chaleureux. Je me sens responsable de mes actions, qu'elles soient bonnes ou mauvaises. Je sais que, de toute façon, je devrai en payer le prix. Ce qui nous arrive n'est pas le fruit du hasard.

J'écris toujours des articles scientifiques, je donne toujours des conférences dans les séminaires professionnels et je dirige toujours le service de psychiatrie. Toutefois, je suis partagé entre deux mondes : le monde phénoménal des cinq sens, représenté par notre corps et nos besoins physiques, et celui, beaucoup plus important, des plans immatériels représenté par notre âme et notre intelligence. Je sais que ces deux mondes sont liés, que tout est énergie, pourtant ils me semblent souvent séparés par un abîme. Mon travail consiste à faire la jonction entre ces mondes et à étudier avec soin et objectivité leur unité.

Ma famille a prospéré. Carole et Amy se sont révélées très douées sur le plan psychique, et nous sommes heureux d'encourager ces tendances. Jordan est devenu un adolescent à la forte personnalité, un véritable meneur d'hommes. Je prends les choses beaucoup moins au sérieux, et j'ai parfois des rêves surprenants.

Pendant les mois qui suivirent la dernière séance d'hypnose avec Catherine, des rêves singuliers se mirent à troubler mon sommeil. Il m'arrivait parfois de rêver que j'assistais à un cours ou que je posais des questions à un conférencier appelé Philo. En me réveillant, les sujets évoqués me revenaient à l'esprit et je prenais des notes. En voici quelques exemples : le premier est une conférence dans laquelle je reconnus l'influence des Maîtres.

« ... La sagesse s'acquiert très lentement, ceci parce que la connaissance intellectuelle, facile à acquérir, doit se transformer en une connaissance "émotionnelle" ou subconsciente. Une fois cette transformation réussie, son empreinte demeure. Il faut que les comportements catalysent ensuite cette réaction, sinon le concept s'affaiblirait et finirait par disparaître. La pratique est indispensable à la théorie.

» L'équilibre et l'harmonie sont des facteurs négligés aujourd'hui. Ce sont pourtant les piliers de la sagesse. Nous faisons tout avec excès. Les hommes mangent trop et deviennent obèses. Les amateurs de course à pied négligent leurs autres possibilités. Nous nous comportons de façon stupide. Nous buvons trop, nous fumons trop, nous ne savons plus faire la fête, ou nous

nous livrons sans mesure, nous parlons trop pour ne rien dire et nous nous faisons trop de soucis. Notre pensée est trop manichéenne. C'est le principe du "tout ou rien". La nature ne procède pas ainsi.

» Elle respecte l'harmonie. Les animaux commettent des déprédations limitées. Les systèmes écologiques ne sont jamais détruits en masse. Les plantes sont consommées et repoussent. Tout ce qui est nécessaire à la subsistance animale est fourni. La fleur donne son parfum, le fruit ses qualités nutritives, mais leurs racines subsistent.

» Les hommes ne connaissent rien à l'équilibre naturel et ne font aucun effort pour le maintenir. Seules les guident la cupidité, l'ambition et la peur. Ils finiront par se détruire eux-mêmes, mais la nature leur survivra, du moins le monde végétal. Pour être heureux, il faut rester simple. Tous ces excès intellectuels ou matériels sont contraires au bonheur. Les valeurs de base ne sont plus reconnues. Les croyants nous affirment que le bonheur vient à qui garde amour, foi et charité. Et ils ont raison. Ces vertus entraînent forcément une attitude équilibrée et harmonieuse, dont bénéficie la collectivité. De nos jours, cet état mental est exceptionnel. Tout se passe comme si l'humanité était déchue de son état naturel. Elle doit le retrouver et se débarrasser de sa peur chronique en s'efforçant de vivre dans l'amour, la charité et la simplicité.

» Comment atteindre cet état d'esprit ? Comment le conserver par la suite ? La réponse est élémentaire. C'est le commun dénominateur de toutes les religions. L'humanité est immortelle et, d'une vie à l'autre, nous ne faisons qu'assimiler des leçons. Nous sommes tous à l'école. Tout devient si simple si vous croyez à l'immortalité. Si l'humanité est éternelle – comme beaucoup de témoignages semblent le prouver – pourquoi nous comportons-nous de façon aussi détestable ? Pourquoi piétinons-nous nos semblables pour faire triompher nos intérêts matériels alors que nous agissons comme des cancres ? Nous allons tous vers le même lieu, quoique notre rythme soit différent. Nul n'est plus grand que les autres.

» Méditez ces leçons qui nous sont données. Intellectuellement, les réponses ont toujours été à notre portée, mais rien ne saurait être acquis sans la pratique et la conquête permanente du subconscient. Se rappeler des cours du soir n'est pas suffisant. Accepter les théories du bout des lèvres non plus. Il est très facile de parler d'amour, de charité et de foi mais, pour mettre ces vertus en pratique, il faut atteindre un état de conscience particulier, qui n'a rien à voir avec celui qui est provoqué par l'absorption de drogues ou d'alcool, ou par les émotions violentes. Seules la connaissance et la compréhension peuvent nous y amener. Notre comportement, nos actions nous aideront ensuite à nous y maintenir. C'est une véritable mystique qui doit être transformée en habitude pour imprégner notre vie entière.

» Comprenez que nul n'est supérieur à ses semblables. Soyez-en convaincu. Aidez-vous les uns les autres. Nous ramons tous dans le même bateau. Si chacun rame à sa façon, nous n'avons guère de chance d'entrer au port.

Une autre nuit, durant un autre rêve, je questionnai mon professeur :

— Vous nous parlez d'égalité. Comment pouvons-nous y croire quand nous avons les preuves du contraire ? Car ni l'intelligence, ni les dons divers, ni les biens matériels, ni les vertus ne sont également répartis entre les hommes.

Il me répondit par une métaphore.

— Supposez que chacun porte en soi un gros diamant. Imaginez que ce diamant énorme, à mille facettes, soit totalement encrassé. C'est le travail de l'âme que de le nettoyer jusqu'à ce qu'il brille et puisse réfléchir le spectre solaire.

» Certains ont déjà nettoyé de nombreuses facettes au point de les rendre éblouissantes. D'autres n'en ont décrassé que deux ou trois. L'éclat de leur pierre n'atteint pas encore celui des autres mais tous cachent, sous leur gangue de saleté, un trésor qui brillera un jour de tous ses feux. Cette pierre est parfaite et sans ternissure. La seule différence entre tous ces diamants, c'est le nombre de facettes nettoyées, mais chacun est aussi beau que les autres, chacun est parfait.

» Quand toutes les pierres précieuses auront été nettoyées et qu'elles étincelleront dans la lumière, elles retourneront à l'énergie pure qui les a engendrées. Car seule la lumière demeure. Les diamants naissent de la lumière et y retournent. L'énergie pure vit au sein de la lumière qui renferme la conscience et la connaissance.

» Chaque diamant est parfait.

» Il existe parfois des réponses simples aux questions compliquées.

— Que dois-je faire ? demandai-je dans mon rêve. Je sais que je peux traiter et guérir ceux qui souffrent mais ils sont trop nombreux. Je suis si fatigué. Ai-je le droit de refuser mon aide à ceux qui me la demandent ? Ai-je le droit de dire : Non. C'est assez pour aujourd'hui ?

— Vous n'êtes pas une bouée de sauvetage, me répondit-on.

Mon dernier exemple sera un message à mes confrères psychiatres. Je m'éveillai à six heures du matin, après avoir rêvé que je donnais une conférence devant un large public de collègues.

— Il y a actuellement une forte tendance à médicaliser la psychiatrie. Il est important pour nous de ne pas abandonner nos enseignements traditionnels même s'ils sont parfois mal définis. Notre rôle a toujours été d'écouter patiemment, avec compassion, chaque malade. Nous en prenons encore le temps. Nous encourageons la compréhension conceptuelle de la maladie. Nous cherchons à guérir, moins en utilisant les rayons laser qu'en nous efforçant de comprendre le malade et en l'amenant à découvrir sa vérité profonde. Et nous espérons toujours réussir.

» D'autres branches de la médecine jugent aujourd'hui ces conceptions traditionnelles inefficaces, lentes et dépassées. On préfère la technologie au dialogue, les traitements établis par ordinateur à la relation personnelle du malade et du médecin. Nos méthodes idéalistes, respectueuses de l'individu et qui nous donnent tant de satisfactions personnelles sont battues en brèche par le souci du rendement, l'efficacité et le mépris des contacts humains. D'où les dépressions de plus en plus nombreuses chez nos collègues souffrant d'isolement. Quant aux malades, ils se sentent négligés, bousculés et humiliés.

» Ne succombons pas aux séductions de la technologie de pointe. Nous devrions plutôt essayer de convaincre nos collègues qui en sont férus en leur démontrant que patience, compréhension et compassion aident à la fois le malade et le médecin. Nous devrions prendre le temps de parler, d'écouter, d'expliquer, d'éveiller l'espoir et la foi en la guérison – toutes ces activités à demi oubliées du guérisseur – et montrer l'exemple.

» La technologie de pointe est merveilleusement utile à la recherche et à la compréhension des mécanismes de la maladie. Ce peut être un outil clinique des plus précieux, mais jamais il ne pourra remplacer les méthodes et l'influence personnelle du médecin. Nous sommes des professeurs. Nous ne devrions pas abandonner ce rôle pour nous assimiler aux autres disciplines. Surtout pas maintenant.

Je fais encore de temps en temps des rêves semblables. Souvent, lorsque je médite, que je conduis sur l'autoroute ou que je musarde dans la journée, des pensées, des phrases et des images me traversent l'esprit. Elles me semblent très différentes de celles que j'ai ordinairement. Souvent elles tombent à pic pour résoudre les questions que je me pose ou les problèmes auxquels je m'affronte. Je les utilise en thérapie et dans ma vie quotidienne et je suis sûr que ces phénomènes réconfortants sont provoqués par l'accroissement de mes capacités intuitives. C'est le signe que j'avance dans la bonne direction, même si j'ai encore un long chemin à parcourir.

Je suis attentif à mes rêves et à mes intuitions. Ainsi, les choses se mettent en place d'elles-mêmes. Si je les néglige, tout va immanquablement de travers.

Je sens encore les Maîtres autour de moi. Je ne suis pas absolument certain qu'ils influencent mes rêves et mes intuitions, mais je les en soupçonne fortement.

ÉPILOGUE

Mon livre est maintenant terminé mais l'histoire, elle, continue. Catherine est définitivement guérie, puisque ses troubles ne sont jamais réapparus. En utilisant la régression sous hypnose avec d'autres patients, j'ai fait preuve de la plus grande prudence. Je me laisse toujours guider par le caractère particulier de leurs symptômes, et la résistance dont ils font preuve envers les autres thérapies. Je prends également en compte leur attitude vis-à-vis de l'hypnose, leurs capacités à faire de bons sujets, ainsi que mon intuition. Depuis Catherine, j'ai amené une douzaine de malades à découvrir ainsi leurs multiples incarnations passées. Aucun d'eux ne souffrait de psychose, d'hallucinations ou de dédoublement de personnalité. Tous ont vu leur état s'améliorer de façon spectaculaire.

Ces douze patients avaient tous un passé, une éducation et une personnalité bien à eux.

Une ménagère juive vivant à Miami Beach se souvint, avec acuité, d'avoir été violée par un groupe de soldats romains en Palestine, peu de temps après la crucifixion. Elle avait aussi dirigé un lupanar au XIXe siècle, à La Nouvelle-Orléans, vécu dans un monastère médiéval en France et connu une incarnation japonaise particulièrement éprouvante. Elle fut la seule, avec Catherine, à pouvoir transmettre des messages du plan intermédiaire, des messages d'une haute spiritualité. Elle aussi connaissait bien des choses sur moi, et était très douée pour prédire les événements futurs. Ses messages émanaient d'un esprit particulier, et je n'ai pas encore terminé de classer tous ses témoignages. Je reste un scientifique et je pense que tous mes documents enregistrés doivent être étudiés, évalués et reconnus comme étant dignes d'intérêt.

Mes autres patients ne se rappelèrent rien d'autre que cette lumière éblouissante après la mort, dans laquelle ils sentaient flotter leurs corps, mais tous retrouvèrent des fragments de leurs vies antérieures. Un brillant agent de change vécut dans un ennui confortable sous le règne de la reine Victoria. Un peintre fut torturé sous l'Inquisition. Un restaurateur, réfractaire aux ponts et aux tunnels, découvrit qu'il avait été enterré vivant au Proche-Orient, voici plusieurs siècles. Un jeune médecin retrouva le traumatisme dont une existence de Viking l'avait marqué. Un producteur de télévision connut le supplice à Florence, il y a six cents ans. Et ainsi de suite...

Toutes ces personnes retrouvèrent bien d'autres souvenirs lointains. Les troubles dont elles souffraient disparurent au fur et à mesure qu'elles en découvraient la cause. Tous croient fermement à leurs incarnations passées, et ils craignent moins la mort.

Il n'est pas indispensable que nous nous mettions tous à pratiquer la régression sous hypnose et la méditation, et à fréquenter les voyants. Ces possibilités sont offertes à ceux d'entre nous qui souffrent de troubles gênants ou affligeants. Pour les autres, il leur suffit de garder leur esprit ouvert et de comprendre que la vie ne se borne pas à l'univers physique délimité par nos cinq sens. Il leur suffit d'être accessibles aux nouvelles expériences et à la nouvelle connaissance. « Notre tâche est d'apprendre pour devenir semblables à Dieu par la connaissance. »

Je ne me soucie plus de l'incidence que ce livre peut exercer sur ma carrière. Les informations que j'ai partagées sont bien plus importantes à mes yeux et, si le monde accepte d'en tenir compte, elles feront davantage pour les hommes que je ne pourrais jamais faire, à mon humble niveau individuel.

J'espère que ces pages vous aideront à vaincre votre peur de la mort, et que leur message sur le véritable sens de la vie vous permettra de vivre pleinement et librement la vôtre, dans l'harmonie, la paix intérieure et l'amour de vos semblables.

11095

Composition
PCA

Achevé d'imprimer en Slovaquie
par NOVOPRINT SLK
le 21 septembre 2015

Dépôt légal septembre 2015
1er dépôt légal dans la collection : mars 1991
EAN 9782290114179
L21EPEN000274N001

ÉDITIONS J'AI LU
87, quai Panhard-et-Levassor, 75013 Paris
Diffusion France et étranger : Flammarion